红色坞头

——方志敏在坞头

彭 涛◎著

燕山大学出版社
·秦皇岛·

图书在版编目（CIP）数据

红色坞头：方志敏在坞头 / 彭涛著．—秦皇岛：燕山大学出版社，2021.6（2026.1 重印）

ISBN 978-7-5761-0128-7

Ⅰ．①红… Ⅱ．①彭… Ⅲ．①方志敏（1900—1935）—生平事迹 Ⅳ．①K827=6

中国国家版本馆 CIP 数据核字（2020）第 243874 号

红色坞头——方志敏在坞头

HONGSE WUTOU—FANGZHIMIN ZAI WUTOU

彭涛 著

出 版 人：陈　玉

责任编辑：张岳洪　　　　责任印制：吴　波

选题策划：山东鑫聚仁教育科技有限公司　　　　装帧设计：方志强

出版发行：燕山大学出版社　　　　电　　话：0335-8387555

地　　址：河北省秦皇岛市河北大街西段 438 号　　　　邮政编码：066004

印　　刷：廊坊市印艺阁数字科技有限公司

经　　销：全国新华书店

开　　本：880 mm×1230 mm　1/32　　印　　张：7

版　　次：2020 年 6 月第 1 版　　印　　次：2026 年 1 月第 4 次印刷

书　　号：ISBN 978-7-5761-0128-7　　字　　数：150 千字

定　　价：58.00 元

谨以此书献给中国共产党成立一百周年

伟大的无产阶级革命家方志敏

方志敏被俘后大义凛然英勇不屈

怀玉山清贫园

赣东北苏维埃政府旧址图

方志敏故居，位于弋阳县漆工镇湖塘村

序

在赣东北的西南部，有一个叫万年的地方，它是我父亲方志敏当年闹革命时工作战斗过的地方。父亲曾一度把赣东北苏维埃政府机关总部迁移到万年富林村，在这里度过了近一年的时间，召开过著名的富林会议，并写下了《建设我们铁的红军》《逃跑就是死路一条》两篇文章。在赣东北苏维埃政府富林旧址里，至今还保存着我父亲当年用过的桌子、椅子、皮箱和小煤油灯。每次去万年，我都要在父亲当年住过的房间外站一站，缅怀父亲，我眼泪就禁不住流下，仿佛父亲就坐在那里用慈爱的目光看着我。

父亲当年曾经亲自策划和指挥过多次农民大暴动，其中有弋横年关暴动、贵溪周坊起义，再就是万年的坞头暴动。新中国成立以后，我的堂叔方志纯曾专程驱车赶到万年，为万年坞头暴动纪念碑题字。

眼下歌颂我父亲的文学作品越来越多，我为有这样一位爱国、清贫、奉献的革命家父亲感到骄傲！

万年本土作家彭涛同志用五年时间，徒步几百公里，一家一户地走访收集，创作了这部关于我父亲当年在万年领导革命斗争的长篇小说《红色坞头——方志敏在坞头》。作品字数虽然不多，但故事生动，形象丰满，情节跌宕起伏，文字朴实流畅。这在纪念我父亲从事革命斗争众多的文学作品中是个补缺。通过阅读，我了解到彭涛同志也是红军后代，家里有三位亲人先后为革命献出了宝贵的生命，并且有两位是在我父亲的直接领导下工作的。我是红二代，彭涛是红三代，这样在红字家谱中，我就是彭涛的长辈！因此，我借此机会，对彭涛说几句话：你已经用实际行动发扬和继承了革命烈士精神，希望你再接再厉，多挖掘红色革命故事，并将革命烈士精神世代传承下去！

——方志敏烈士之女：方梅

2020 年 12 月 9 日

主要人物

方志敏： 伟大的无产阶级革命家，杰出的农民运动领袖，赣东北和闽浙赣根据地的创建人，中国工农红军第十军的主要领导人，坞头暴动的组织者和指挥者。

胡完生： 万年早期革命烈士，中共党员，方志敏在南昌举办江西农民运动讲习训练所的学员。

黄仕彪： 万年早期革命烈士，中共党员，方志敏在南昌举办江西农民运动讲习训练所的学员。

张德善： 方志敏的特派员，万年早期革命的领导人。

张瑛姑： 真名张根妹，张德善的妹妹，万年早期的妇女协会领导人，参与了坞头暴动的全过程。

裴雄太： 万年秘密特区委员，坞头暴动的主要领导人之一，方志敏在万年发展的第一个共产党员，第一次坞头暴动失败时牺牲。

乐思恭： 万年土地革命运动的主要领导人之一，1934 年 5 月牺牲在弋阳青平山。

乐富才： 坞头暴动的主要领导人之一，乐思恭的父亲，第一次坞头暴动失败时牺牲。

裴廷标： 坞头暴动的主要领导人之一，特区委员，1934 年 11 月牺牲。

裴廷宽： 方志敏的警卫员、交通员，坞头暴动的主要领导人之一，1934 年 11 月牺牲。

叶新倌： 万年土地革命运动的主要领导人之一，1933 年牺牲。

叶山英： 革命烈士，董源村妇女协会会长，为掩护方志敏牺牲。

邵花香： 老红军，坞头暴动的主要领导人之一，2012 年去世。

吴宽林： 万年土地革命时期的领导人，参与了坞头暴动，1935 年 7 月牺牲。

聂凤来： 万年土地革命时期的领导人，1935 年牺牲于贵溪。

徐柏顺： 坞头暴动的主要领导人之一，1934 年被捕后叛变，同年被国民党杀死在珠溪河边的子岗桥。

油菜花开一条心

江西赣东北民歌
彭涛收集整理

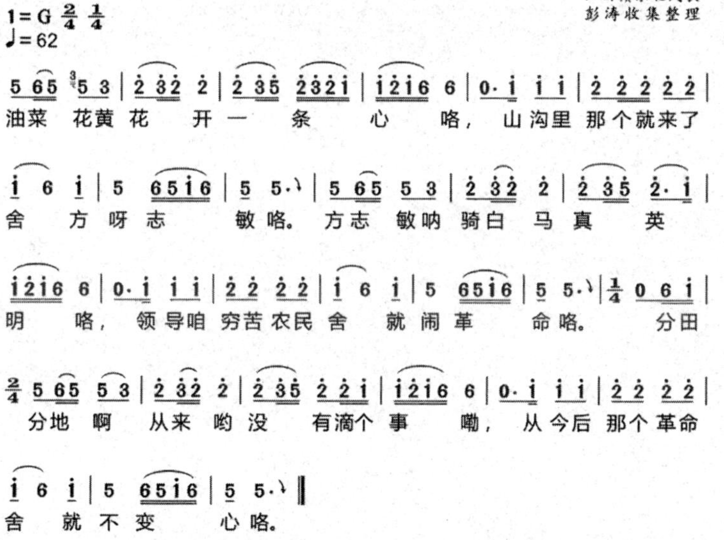

1=G $\frac{2}{4}$ $\frac{1}{4}$
♩=62

油菜 花黄花 开一 条 心 咯，山沟里 那个就来了
舍 方 呀 志 敏 咯。方志 敏呐 骑白 马真 英
明 咯，领导咱 穷苦农民 舍 就闹革 命咯。分田
分地 啊 从来 哟没 有滴个 事 嘞，从今后 那个革命
舍 就不变 心咯。

目 录

第一章 万年史话 1
第二章 山外来客 7
第三章 坞头遇险 12
第四章 革命兄弟 16
第五章 姐妹夜话 22
第六章 方志敏第一次来万年 26
第七章 胡完生、黄仕彪误中奸计 33
第八章 胡完生、黄仕彪英勇就义 40
第九章 祠堂脱险 45
第十章 月夜比武 51
第十一章 风景秀丽的珠溪河 57
第十二章 黄墩星火 60

第十三章 清清的九子溪 63
第十四章 松岗岭有个吴宽林 68
第十五章 徐柏顺误中埋伏 72
第十六章 夜救徐柏顺 78
第十七章 方志敏二到万年 86
第十八章 叶山英牺牲 90
第十九章 张瑛姑复仇 98
第二十章 两支驳壳枪 105
第二十一章 张瑛姑拜堂 112
第二十二章 黎明前的风暴 118
第二十三章 血染坞头村 126

第二十四章 邵花香脱险 131
第二十五章 古寺大赦庵 137
第二十六章 勇救邵伯平 142
第二十七章 裴雄太牺牲 151
第二十八章 乐思恭祭父明志 157
第二十九章 方志敏亲自指挥坞头暴动 161
第 三 十 章 富林暴动 168
第三十一章 方志敏一打石鼓 177
第三十二章 为民除害 182
第三十三章 方志敏二打石鼓 188

后记 198

第一章　万年史话

五百年前的一个晚上，在赣东北饶州府境内的一个山洼里，一栋黄泥夯筑的茅草屋孤零零地立在山脚下。四周除了山就是树，还有一丛一丛的竹林。树是那种七曲八弯的老松树，树身似龙蛇怪蟒，鳞甲森森。竹丛有水，幽幽暗暗，让人心中惴惴。

这个地方叫姚源，竹林里的这注水往下流，越聚越大，终成一河，是名姚河。

那个时候的山区，不像现在到处有嘈杂的人声，到处有人群的踏足。按照中国传统的说法，古时候能够在这样一个地方住下来的，不是人间隐士，就是世外高人。

此时，有月亮升起来了。弯弯的月亮，照在幽幽暗暗的水里，挂在龙身蟒鳞的树顶，显得愈加幽冷。

茅草屋在水雾冷月中越发显得孤零。

忽然，孤零的茅草屋中，传出一声惊恐的喊叫。紧接着，屋子里有亮光闪了一下，然后熄灭了，又闪了一下，一盏如豆的灯火终于摇摇扭扭地站了起来。

这家房屋里的主人姓王，喊叫的是他的女客王翁氏（女客是当地人对老婆的敬称）。老两口并不是什么隐士高人，只是因为年过半百，膝下无有一子半女，遭人耻笑，不得已远离村庄，准备在此终老一生。

此刻王翁氏面色惨白，汗如雨下，满脸恐骇。王老汉大惊，以为浑家得了什么急症怪病，拊胸捶背，端茶倒水，忙个不停。

少顷，王翁氏状况好转，王老汉便问其何故，如此大惊，是否做了噩梦，受了惊吓。王翁氏答道，确实做了噩梦，还不是一般的噩梦，着实吓人。王翁氏说，她梦见一只老虎，撞入自己怀中，一时害怕，便大喊起来。

王老汉闻言不以为然，安慰浑家说，你这是日有所思，夜有所梦，想生孩子想疯了，便做了这等怪梦。

不想，数月以后，王翁氏果然有孕，月满，瓜熟蒂落，生下一个婴儿。婴儿十分健壮，他的第一声啼哭便有一种江湖游侠的豪气。因当时天上一轮满月，比平时大了许多，故起名浩八。

一转眼到了明正德初年，王浩八已经二十多岁。

当时姚源归属饶州府余干县管辖，在鄱阳湖边上，真正的江南水乡，鱼米富庶，是一个世外桃源一样的好去处。

这一年，天下大旱，年岁饥馑，饿殍载途。即使饶州府这样的富庶之地，人们也不免食不果腹。

一日，王浩八游玩归来，见自家门口站立一干彪形大汉，个个浑身是血，或手持长枪，或斜挎大刀，正在不停地敲打王浩八的家门。王浩八仔细一看，认得，却是好友余庚七等人。

王浩八见余庚七众人如此模样，便知有事，忙招呼大家进屋，询问来由。

原来，余干县境内有一泼皮名叫陈风相，此人不务正业，坑蒙拐骗，欺男霸女，鱼肉乡民。有一穷苦农民叫吴珏六，因其浑家长得标致，被陈风相看见，便诬陷吴珏六欠其钱粮，将吴珏六抓进家里，私设公堂，将吴珏六活活打死，然后逼迫吴妻改嫁与他。吴妻不从，投鄱阳湖而死，引起乡中极大民愤。余庚七闻说此事以后，一时怒火中烧，决定打抱不平，为吴珏六夫妻讨个公道。便纠集好汉汪澄二、殷十勇等数十人，连夜冲进陈风相家，将陈风相全家杀死，并把首级悬挂在路口树上。官府大惊，派捕快前来捉拿。余庚七心想事已至此，不若索性反了，便召集民众，与众捕快大杀一场，将其杀退。

等到官军败走，方才冷静下来，有点后怕。几个人一商议，说道："伸头是一刀，缩头也是一刀，这回是真没退路了，干脆上山扎把子吧。"（扎把子是当地的方言，意思是占山为王，落草当土匪。）

主意一定，便又推举领头之人。推举来推举去，都觉得谁也不合适。最后余庚七说："我们不要推让了，我们谁也没这个本事。眼下若要成事，非这个人牵头不可。"

众人闻听面露喜色，忙问："这个有本事的人是谁？"余庚七捻捻胡须说："非姚源的王浩八不可。"

众人哄的一声笑了，说："老余老余，你说昏话吧？杀官军的是我们几个，王浩八好好的又不曾参与，怎肯给我们做头领？"

余庚七说道："不然，我跟王浩八最熟悉，深知此人最讲义气。素来崇敬的是水泊梁山的英雄好汉，恼恨的是官府朝廷。如果他今天在这里，也一定会跟我们一样打抱不平。退一万步讲，我们今天去找他，他依了咱们还就罢了。如若不依，横竖是个死，我们就在他家闹将起来，便逼也要逼得他入伙起事，由不得他不从。”

来到王浩八家，余庚七说明来意，王浩八听完哈哈一笑，说道：“当今世道一天天地乱了，安分守己眼见得是没有活路了，便落草为寇又有何不可？既然兄弟们信得过我，那我就做你们这个头领。”

之后便招兵买马，扩充队伍。倒也招得一两万人，一时势众，号称姚源军，并寻得一饱学之士杨瑛做军师。刚开始的时候顺风顺水，声势浩大。七八年间，席卷周边十三个县，引得朝廷不得不派重兵围剿。后来，军师杨瑛病死，王浩八无人指点辅佐，兵败势散。不得已潜回家中，意欲招兵买马，东山再起。不料被其母舅翁亨四告于官府，被捉拿至京城处死。

王浩八兵败被杀以后，当时负责围剿王浩八的总兵陈金，给朝廷上了一道奏折，说姚源这个地方民风强悍，又没有官府机构，山高皇帝远，易于藏污纳垢，方便刁民成匪。因此，奏请朝廷割余干、乐平、弋阳、贵溪四县之边界之地，凑成一县。朝廷准许了陈金的奏折，因奏折中有“河清海晏乾坤满，一统江山万万年”的话语，便将这个新增设的小县命名为万年。又因县城所在地在姚源河的西边，是以又叫姚西。

王浩八虽然死了，手下却有一支残存的小部队留了下来。这支部队当时驻扎在弋阳、贵溪、万年三县交界的新狮岭。没有了王浩八的统率，部队便成了一群四散的牛羊。王浩八死讯传出以后，部队里裴姓、乐姓、钟姓、周姓、肖姓、叶姓、殷姓、余姓、汪姓等大小十几个头领一商议，都觉得大势已去，不如散伙。有的就重操旧业，拿起刀杆子上山做了土匪，有的隐姓埋名去了他乡，而绝大部分则选择了就地生存。他们围绕着新狮岭，垦荒屯田，娶妻生子，做了普普通通的老百姓，过起了与世无争的生活。

慢慢地，极小的一部分人掌握了大量的生活生产资源，聚敛起大量财富，成了称霸一方的财主和土豪，而大多数人则成为他们的佃户或长工。

一百年，两百年，几百年过去了，这支部队的后裔们变成了真正的山民，同时也成了新狮岭的主人。他们把新狮岭山坞里的沟沟洼洼，开垦成了一亩一亩的稻田、一畦一畦的菜地，同时盖起了一栋一栋的茅草屋。他们熟悉周围的一切，知道哪个山头有珍贵木材，哪个山头便于打猎，哪条小溪源头在哪里，最后又在哪个地段汇入珠溪河。他们管爷爷叫祖祖，奶奶为麻麻，父亲叫爹，母亲为姆妈，叔叔叫细细，婶婶称借借，伯父叫爸爸，伯母称姆嬷。他们的穿着依稀还保持了军士甲衣的特色，肥大的宽腰裤对折几下裤头，裤头便成了厚实的护腰。他们常年包着头巾，束着腰巾，看起来英姿飒爽，使人很容易想起过去的农民武装。他们打猎有行话，种田有切口，做人有规矩，年节有禁忌。他们一方面表现出对土地的狂热渴望和迷恋，一方面又抱怨这辛辛苦苦替别人打长工的种田人生。

得益于山泉水的滋润，这里的女人皮肤白皙，头发乌黑，像栀子花一样开遍了新狮岭的沟沟岔岔。她们一茬一茬地老去，又一茬一茬地生长。酸豆角、霉干菜和五谷杂粮，源源不断地养育出她们的性感和艳丽。她们除了洗衣、做饭、生孩子，有时也跟男人们上山砍柴，下地干活。看见那些有钱人家的太太小姐穿金戴银，有时也会发发牢骚，说一句“男怕入错行，女怕嫁错郎”。但牢骚发过以后，又照样该干什么干什么，从来不会去埋怨自己的男人不会赚钱。对于男女之间的感情，她们有自己独特的处理方式。用她们常说的一句话就是：革了心，睡草筋，合了意，困破絮。意思是：只要我们真心相爱，就是睡在刺割皮肤的稻草上，或者到处是虱子的破棉絮里，都是心甘情愿、甜甜蜜蜜的。

他们一代代地生，又一代代地死。由于时代过于久远，我们无法测算出这支部队到底繁衍了多少后人，就像我们无法数清天上到底有多少星星一样。但是，这支部队的那种血性，那种无所畏惧的反抗精神和牺牲精神，却被他们的后人传承了下来。

到了 20 世纪，这些骨子里充满着反抗精神和牺牲精神的英雄后代，在方志敏的领导下，在古老的万年大地上，演绎出了一幕幕一曲曲可歌可泣的史诗般的英雄壮举。

第二章　山外来客

1928年8月，又一个夏天即将过去，新狮岭下的坞头村开始进入丰收盈满的秋天！

苍茫雄伟的新狮岭，横亘在赣东北南部的万年、弋阳、贵溪三县中间。千百年以来，它就像一只昂首威武的狮子，护卫着它周围的生灵万物。

虽然已经进入秋天，天气还是异常炎热，新狮岭上依然草木茂盛，古树苍劲，竹林青翠。流水潺潺，时有风声鸟声传来。

这时，从新狮岭山道上走下来一男一女两个人。男的三十出头的年纪，皮肤较黑，坚毅的双眼机敏地看着前方，两眉之间透出一股英气。他叫张德善，受中共弋阳区委书记方志敏的委派，前来万年县坞头村联络在这里的秘密共产党员裴雄太。女的是他妹妹张瑛姑，也是一位农会干部，从小跟哥哥练得一身好功夫，善使飞镖，受哥哥张德善的影响，很早就参加了革命。她这次来坞头村，一方面是为哥哥的活动作掩护，一方面酝酿机会，准备组织开展妇协会工作。

一进坞头村，兄妹俩便感觉到了不同于其他地方的气氛。

这个地方山多田少，仅有的一些农田也都掌握在几个地主手里，因此大部分人都以造纸、打猎、伐木、烧炭为生。得益于裴雄太等人的不断组织宣传，这里的山民对革命有一种朦胧的期待：希望革命胜利以后能分到田地，能够过上吃得饱饭的日子。

或许是沾染了新狮岭的威猛之气，这个只有八十几户人家的小山村尚武成风，人人会个三拳两腿，以至于山上的土匪到处打家劫舍，却不敢招惹这个村的人，甚至发出了“宁绕百里远，不进坞头村”的喟叹。

这里的房屋很有特色，土木结构，有点像闽西的客家围屋。下雨天，从村头走到村尾，不用打雨伞，身上不会淋一点雨，脚上不会沾些许泥水星子。倘若走到谁家门口，看见新挂了一把飘着红绸子的柴刀，那么你大胆走进屋去，主人会满脸喜气地塞给你几个染了壳的红鸡蛋。这是因为主人新添了人口，生了孩子，而且是个男孩。因为只有生了男孩，门口才会挂一把新柴刀，用当地话儿讲，叫添了条刀杆儿。谁家的刀杆儿多，谁家的女客就能干，福气就好。

坞头村周围分布着大大小小三十六口水塘，传说是当初建村的时候，有风水先生预言，说坞头村什么都好，就是犯火星。将来它的繁荣之期，便也是它的毁灭之时，会被一把火烧得干干净净。

坞头村的先人们恐慌于风水先生的预言，便按着风水先生的点拨，预先准备下这些水塘。水塘里的水是真正的山泉水，水里生存着一种叫石鸡的野味。这东西有点像青蛙，却比青蛙大得多，大的有八九两重，叫起来声若擂鼓，吃一口鲜美异常，清凉去火，是个大补的东西。石鸡常常和毒蛇为伍，捕捉起来很是凶险。尽管如此，因为能卖得好价钱，因此还是有很多山民以捕捉石鸡为生。

这时，从村头一口比较大的水塘里爬起来三个人。领头的是个二十一二岁的英俊青年，皮肤白皙，浓眉大眼，腰上系着硕大的竹鱼篓，里面装满鱼和石鸡。

他叫叶新倌，是个造纸工人，除造纸以外，平时也做点野活贴补家用。（做野活是当地的行话，就是没有田可种，打猎、摸鱼、挖药、放山、烧炭、造纸等等什么都干的人。）后面是他的两个搭档与帮手，虎背熊腰的那个叫郑春水，另一个个子中等、脸皮蜡黄的叫徐柏顺。两人腰上也和叶新倌一样，系着个大大的竹鱼篓。

叶新倌与郑春水此时正相互帮忙解开绑鱼篓的棕绳子，将鱼和石鸡分类。而徐柏顺则用他那双鱼泡一样的大眼睛，在张瑛姑脸上、胸脯上瞄来瞄去。

徐柏顺的目光引起了张瑛姑的注意，她恼怒并厌恶地瞪了他一眼。正欲发作，被张德善拦了下来。

徐柏顺发现张瑛姑在注意他，就沙哑地干笑了几声说："客官，你们买鱼吗？石鸡也有，活跳鲜，刚摸上来的。"

张德善微微一笑，说了声"谢谢，不用了"。

徐柏顺的目光又在张瑛姑的身上扫视了一遍，不怀好意地笑笑。

这时叶新倌与郑春水已把鱼篓子里的东西分装好了。张德善的外地口音，让叶新倌心里一阵激动。可是，当他看见张德善身边的张瑛姑时，脸上又满是疑惑。

郑春水打了声尖利的哨子，几个人提起鱼篓，扬长而去。后面隐约传来悠扬的乡调：

一叶根知底啊
让我来告诉你
自从盘古开天地
哪有穷人不受欺

二叶根知底啊
有高就有低
东边日头西边落
穷人也有出头时

三叶根知底啊
……

这歌声引起了张德善的注意，望着三人远去的背影，心中不由一阵疑惑。这是个流传在贵溪、弋阳、万年三县交界处的民间山歌，但歌词却是经农会改过的，他们怎么也会唱？他们三人会不会也是农会的人呢？等张德善回过神来，三人已然不见了踪影。

这三人确实是裴雄太发展起来的农会骨干会员。他们利用平时做野活的身份为掩护，四处活动宣传，发展会员。尤其是叶新倌，长得白净，讲话不急不慢，很有条理，用本地话说，就是很有脑子，博得广大山民的欢迎，光他一人就发展了十多个人。

这两天裴雄太不让他们离村走远，说方志敏会派一个叫张德善的贵溪人，来坞头村指导农会工作，让他们时刻注意这个人的到来，并保护好他的安全。张德善一进坞头村，就引起了他们的注意，只是张德善带了妹妹来，身边多了个女人，这让他们一时拿捏不准。于是三人便迅速从水塘里起身离开，让郑春水在村子的拐角处留下，远远地看着张德善兄妹。叶新倌和徐柏顺则去裴雄太家，找裴雄太报告情况去了。

第三章　坞头遇险

今天恰好是裴雄太母亲七十岁的生日。

此刻，裴雄太家里坐满了人，有乐思恭、裴廷宽、裴廷标、乐富才、邵花香等人，这些都是裴雄太发展起来的农会核心会员。利用裴雄太母亲过生日召集大家开会，也是大伙共同商量出来的主意，以免引起村里那些财主佬的注意。

屋里很干净，看得出来经过了一番精心的打扫。堂屋的上汉壁前，横跨着一张红槠木的供桌。供桌正中，放着一只黑色的香炉。香炉上方，悬挂着“天地君亲师”祖宗牌位。堂屋当中，摆放着一张同样是红槠木的八仙桌和长条凳子。裴雄太读过几年私塾，粗通文墨。此时，他正手拿毛笔，趴在桌子上，给每一个新加入农会的会员填写名单——这叫“上名字”，是每一个参加农会的山民都必须办理的手续。那个时候，组织农会颇有点江湖帮会的色彩，所有入会的人除了记上名字以外，还必须按手印，喝鸡血酒，表示忠诚、自愿加入，并宣誓“斗争到底，永不变心”。以至于后来，坞头村的人都把那次暴动，称为“上字”革命。

叶新倌二人猛然推门而入，把里面的人着实吓了一跳，裴雄太也用惊异的目光看着他们。

叶新倌顾不上解释，气喘吁吁地说："来了来了，来了一个，哦不，来了两个。"

裴雄太放下毛笔，端来一碗水给叶新倌道："什么一个两个的，不要急，你慢慢说。"

叶新倌喝完水一抹嘴说："来了两个外地人，听口音倒像是贵溪那边的人。只不过是一男一女，也不知道是不是来找你的，我来的时候，留下郑春水在暗中看护着他们。"

"一男一女？"先前说好的人中，并不是两个人，而且还有一个是女的。裴雄太也有点疑惑，这里只有他认识张德善，因为裴雄太的母亲就是张德善的姑母。

裴雄太想了想对叶新倌说："其他人都在屋里待着，我们看看去。"

裴雄太如果再晚点来，张德善兄妹就出事了。

宁静的坞头村，今天一点儿也不宁静。

这个普普通通的江南小山村，背靠壁立万仞的苍茫大山新狮岭，只有一条主要的驿道与外界相通。祖祖辈辈的山民靠山吃山，日出而作，日落而息，过着贫穷而自足的日子。如果没有日后方志敏在此领导的坞头暴动，没有方志敏在这里的战斗和工作，不会有多少人知道它的存在。

但历史就选择了这里，革命风暴正改变着山民们千百年来生生不息的命运。

晚饭的香味飘满了山村的每个角落，很容易勾起人们的食欲。张德善兄妹也被这饭香吸引了。但此刻他们却走不脱了，确切地说是被人缠住走不了，这个人就是坞头村的大地主裴灯辉。

裴灯辉是坞头村最大的地主，全村仅有的两百来亩农田，全部掌握在裴灯辉兄弟三个手里。就连新狮岭及周围大大小小的山林，也被他们牢牢控制。天上的飞鸟，地上的走兽，水里的鱼虾，山民们平时无论做什么，只要小有收获，就得向他们交捐税。兄弟三个为所欲为，俨然成了坞头村的土皇帝。

这两年，外面有越来越多的消息传来，同一条山脉中的弋阳横岭、贵溪三板桥等地被“赤化”，相继成立农会，平债分田，地主豪绅要么外逃，要么老老实实支持农会。裴灯辉从开始的忧心如焚，到后来越来越害怕。终于有一天，他去了趟富林，和富林的民团团总聂仕俊拉上了关系，把女儿嫁给了聂仕俊，成了这个反动民团头子的老丈人。

聂仕俊是万年县第一人口大村——富林村的大财主，手里有一个三百多人的梭镖队，还有一个三百多人的马刀队，还买了几十支洋枪。有人、有枪、有钱、有势，与县城国民党的县党部也常有联系。有了这个靠山，裴灯辉越发为所欲为，横行霸道。聂仕俊告诉他，现在，外面到处有共产党，组织泥腿子闹革命，很不稳定，要他死死盯紧村里。特别是从山外来的外地人，防止共产党在这里搞“赤化”。

他算是个嗅觉比较灵敏的地主，最近他发现，山民们对他好像不那么怕了，这让他隐隐约约嗅到了一丝“反”味，他想抓个村民来宣示一下自己的权威。

张德善兄妹的到来，终于让他找到了机会。他马上带着三四个爪牙扑了过来。

起初他像往常一样，站在自家的阁楼上四处瞭望。当看见张德善兄妹时，他被张瑛姑的美貌所吸引，盘算着，如何把这个漂亮的女子弄过来做小老婆。

“哎呀张老表，你怎么才来，我都等你半天了。”（老表是江西人对同省老乡的称呼。）关键时刻，裴雄太赶到了。论辈分，他还是裴灯辉叔叔辈。

“怎么？他是你老表？”裴灯辉狐疑地问裴雄太。张德善不同寻常的气质，让他突然产生了怀疑。“宁可错杀三千，不可放过一个”，绝不能让共产党进入他的势力范围。

“是啊，我表弟表妹。今天我娘七十岁生日的夜饭，我老表为我娘祝寿来了。”裴雄太答道。

裴灯辉马上转向张德善“哦，原来是老表啊，老表贵姓啊？”

“张德善，我妹妹叫张瑛姑。”张德善答道。

裴灯辉悻悻地想，可惜了这个美貌女子，转而换了个笑脸对裴雄太：“雄太细细，既然是你亲戚，那就是我表细、表姑了，大水冲了龙王庙呢。”

裴雄太没有再搭理他，领着张德善兄妹朝自己家走去。

第四章 革命兄弟

尽管赔了笑脸，裴灯辉并没有打消疑虑，裴雄太一行人刚走，他便指使爪牙肖乃成尾随而去。

裴雄太的家在村子的最后方，隐没在村里重重叠叠的房屋之中。他的屋后就是雄伟的新狮岭，山势峻立，排峰如伍。涧水在山谷回荡，声如响雷。

在坞头村，裴雄太是个很有影响的人物。

裴雄太高鼻梁细眼睛，身上有一种天然的让人亲近的气质。他的祖上、父亲都是造纸工人。造纸是一种古老的职业，用的是古老的造纸技术。他从小生活在万年、弋阳、贵溪三县交界的坞头村，父亲去世得早，长大以后，他别无他路，便接过父辈的造纸技艺，和那口浸酿纸浆的水塘。

裴雄太平时很少说话，却非常重义气，经常是自己的活没干完，就去帮别人干。碰上有困难的同行，有一分钱也会分一半给人家。他的热心淳朴，赢得了坞头村村民们的信服与敬重。

一次偶然的机会，裴雄太在张德善的引荐下，认识了方志敏。

那是 1928 年的 3 月中旬，他推了一车草纸去贵溪贩卖。途经一个叫三板桥的村子时，被拦住了。

这里的农会在方志敏的领导下，成立了农民革命团，正在进行打倒土豪劣绅、平债分田、建立工农政府的土地革命运动。为了防止奸细的破坏，所有来往客商，没有农民革命团的路条不能进出，他差点被关了起来。正吵闹之时，被闻讯赶来的张德善认了出来，那时张德善已经是三板桥农民革命团的团长了。表兄弟多年不见，见面后自然非常亲热。很快地，他被带到了方志敏跟前，谁知一见面，两人竟都叫了起来。原来二人认识，有过一段巧遇，算是半个熟人，只是当时，裴雄太不知道，他就是大名鼎鼎的方志敏。这次的偶然再遇，对于裴雄太来说，却是他生命里一次重大的转折。两个月以后，他已经是一名秘密的共产党员了。

此时，裴雄太家里，人越来越多。

早在前两天，他就给四乡八村的农会积极分子发出了通知，他要利用母亲过七十大寿的机会，召集大家开会，告诉会友们，有重要人物要来。大家都很兴奋，一时间，各村的农会积极分子纷纷赶来。他们散坐在裴雄太那不大的院子里，有的在聊天，有的在喝茶，有的劈柴挑水帮忙做点事。

乐思恭来得比较早，他是个很严肃的人，不大爱说话，平时没事时，就喜欢吹一根自制的竹笛。此刻，他正站在门口的小路上，迎接那些后来者。

董源肖家村的农会会员叶山英，是个缠过脚的小脚女人，走五六里的山路，对她来说非常困难。此时，她也让丈夫肖长山用土车推着来了。

随着女客的增多，徐柏顺显得很活跃，转动着他那鱼泡眼，不断地在人群里转来转去。当他看见端庄秀丽的邵花香时，眼睛一亮，便挨挨挤挤地向邵花香靠过去。

“我说徐柏顺，秋天里秋老虎，这么热的天，你是不是还觉得冷啊，在女客堆里钻来钻去。”乐思恭的父亲乐富才戏谑地说道。

“他呀，估计是石鸡吃多了，难受呗。”裴廷标接过话继续打趣。

人们哄堂大笑。

乐思恭站在门口敲了敲门框，咳嗽了一声，人们安静了下来。

裴雄太和张德善兄妹走进来，人们又起身忙着给三人让座。邵花香拎着个青花大茶壶，给三人倒好了凉茶。

裴雄太给大家介绍张德善兄妹，说这是弋阳区委书记方志敏派来的代表，是来帮助我们指导农会工作的。

当裴雄太向张德善兄妹介绍乐思恭时，张瑛姑心中有种异样的感觉。她见这人身材伟岸，白面无须，很像古戏里的小生，一表人才。等乐思恭伸出手来与她相握时，不禁微微有点脸红。她担心自己的这种感觉被人发现，便迅速地定下心来。

见过了面，张德善双手抱拳，站起来给大家行了个礼。

一阵寒暄过后，张德善问道：“没有钱用，欠了财主佬债的，请举手。”

所有人都举起了手。

张德善又问：“自己没有田，或者向财主佬租田种，交田租的，请举手。”

大家又一次全部举手。

张德善再问道："大家日子穷不穷？苦不苦？"

"哪一个不穷？不穷谁会来革命！"大家答道。

"那大家赞成分田平债吗？"

"赞成啊，我们吃尽了财主佬的亏。"

"既然赞成，那光靠我们这些人还不够，还要团结更多的穷人。我们要成立农会，成立农民革命团，拿起武器跟财主佬们斗。"

"对，合手起刀杆子，跟他们斗，斗到底！"

正说着，人高马大的郑春水腋下夹着个人进来，手一松把人扔到地上。大伙一看，是裴灯辉的爪牙肖乃成。

"这家伙跟着你们，趴在外面偷听，被我打晕了。"郑春水对张德善道。

人们面面相觑，气氛一时有点紧张，没有了声音。

肖乃成个子不高，瘦瘦的像个猴精，鬼点子特别多，很多穷人吃过他的苦头。

"大家不要怕，我们马上就要成立农会，以后还要成立农民革命团，要明刀明枪地和财主佬干。"乐思恭声音不大，却很坚定地说。他觉得，这个时候必须稳定大伙的情绪。

"对，不要怕，成立了农会，我们把财主佬都捉起来，分田分地。"徐柏顺掏出飞镖，啪的一下插在桌子上，眼睛却瞄向了张瑛姑。

徐柏顺的飞镖挺有风格，镖脊上有倒刺，整个飞镖像一只张嘴咬人的蛇。

裴雄太把徐柏顺的飞镖收起来还给他，他对徐柏顺一直有种不太舒服的感觉，但究竟是什么样的感觉，又说不清楚。

乐思恭看着躺在地上的肖乃成，努了努嘴说：“这人怎么办？”

“先把他弄醒，问问他跟来干什么，暂时不要惊动他。”

徐柏顺说着，喝了一口水，猛地喷到肖乃成脸上，肖乃成醒了过来。

“哎呀乃成老弟，你怎么躺在我家门口啊？想喝酒就进来啊。”

肖乃成揉揉眼，满脸惊恐地看着周围的人：“我怎么了？”

裴雄太指着郑春水说：“你晕倒在我家门口，是这位兄弟把你背进来的。今天是我娘七十大寿，来来来，既然来了，请上座，喝杯薄酒。”

看着满桌子香喷喷的酒菜，肖乃成正欲厚着脸皮上座喝几杯酒，突然感觉四处的目光并不欢迎他，便说：“哦，不不，无功不受禄，不叨扰了，不叨扰了。”边说边往后退，到了门口飞快地拔脚就跑。

屋子里的人哈哈大笑起来。

裴雄太说：“今天的会不能开了，大家赶快吃点饭，抓紧时间离开。张代表兄妹二人也需要转移，另外找个地方去住。”

“去我家吧，让张代表住到我家去。”一直没有开口的叶山英自告奋勇地说。

这个小脚女人有一张美丽的脸，她眉角上翘，嘴唇紧抿。一个山村普通妇女，气质不同于那些大家闺秀和小家碧玉，将女性的温柔藏于个性的刚烈之中，使人不会对她产生些许的邪念。

叶山英的家董源肖家村，在坞头村的山背面，翻过一座不大不小的山包就到了。那里基本都是穷人，环境幽静偏僻，路又不太远，便于联络和开展工作，确实是个很理想的去处。

裴雄太点了点头，望着张德善兄妹说道："我看可以，让乐思恭、叶新倌、郑春水、徐柏顺他们四个陪着一起去。"

第五章　姐妹夜话

月色如昼，董源肖家村，叶山英家的东厢房点起了明烛。叶山英夫妇的卧室，现在让给张瑛姑住。

现在刚进入秋天，大山里的秋天，晚上还是比较凉的。

张瑛姑走进房间，看见灯已经点亮。床也整理好了，一条洁白的土布被单平铺在床上。床旁边摆着一张椅子，椅子边有一个圆圆的大木盆子，里面放满了水，水刚好不冷不热。椅子上搭着布巾，小几上放着一壶凉茶。

张瑛姑四下看了看，然后解开衣服擦洗身子。

叶山英敲了敲门走进来，手里捧着一大捧碎碎点点雪也似的白花，奇香无比。她把花插入床头桌子上的花瓶，转身问张瑛姑道："香吗？今晚上月色好，有人趁着月色刚采下来。"

"好香，这是什么花？"张瑛姑使劲嗅着，"我怎么从来没闻过。"

"这叫野木樨，长在悬崖上，香味几天不散，一般人采不到。"

"啊，晚上爬悬崖采花那多危险！"张瑛姑很惊讶，随即又微笑着说，"谢谢你，山英。以后，洗脚水、擦澡水我都自己来打，不要你服侍，我可不是大户小姐。"

叶山英意味深长地笑了笑："花不是我采的，水也不是我打的。这么大一盆水，我这个小脚女人可端不动。"

张瑛姑很诧异地问："不是你，那是谁？谁对我这么好？"

叶山英正欲回答，突然，一阵悠扬的笛声飘了过来，正是那首《十叶根知底》。本来是很欢快的调子，却被吹得缠绵悱恻，似有不尽的心思对谁倾诉。房间里两个女人一时听得呆了。

听了一会儿，叶山英轻轻地说："真好听，没想到这么个土调子，竟然被他吹得这么好听。"

张瑛姑抹干净了身子，好奇地问："这个他是谁啊？"

叶山英故作神秘，调侃地说："这个他嘛，就是这个他啊。这水也是他打的，花也是他采的，你想不想知道他是谁？"

张瑛姑逗乐了，笑着说："别卖关子了，快说吧，是谁？"

叶山英说："就是那个叫乐思恭的人。我们这里都叫他小乐和，会吹笛子的梁山好汉乐和。"

张瑛姑突然微微地红了脸说："就是那个个头挺高、白面无须的人吗？"

叶山英说："就是他，你怎么脸红了？"

"别瞎说，谁脸红了！"张瑛姑有点恼怒，随即又笑了，"这人这样细心，又吹得这样好听的笛子，可不像是山里的造纸工人。"

"他既是造纸工人，又开肉铺，杀猪卖肉。"叶山英说，"平时他也不太说话，但说话能顶死一头牛，在这附近四乡八村的，很得人缘。你说也奇怪，他家里很早就帮他订了一门娃娃亲，到现在两人都这么大了，却迟迟不肯拜堂圆房，对你却这么细心。"

叶山英的话里似乎还有话，张瑛姑笑了笑，没有追问，在椅子上坐下来，准备脱鞋洗脚。

叶山英看着她那双天足，羡慕地说："你脚可真大，你没有裹过脚吗？"

张瑛姑有些伤感，说："我爹妈死得早，是哥哥把我带大的。哥哥说，裹脚的女人可怜，别说练功夫，走路都困难，就不让我裹。"

叶山英眼圈一红，说："可不是走路都困难，而且裹的时候还痛死人 。记得小时候，裹一次我就哭一次。其实这村里裹脚的女人也不多，山里人都要干活，就我命苦。"

张瑛姑拉着她的手说："都过去了，我看你家里的对你很好。"

叶山英说："他是个老实人，什么都听我的。"随即又盯着张瑛姑，问道："你长得真好看，找婆家了吗？"

"没人要呢。"张瑛姑说，"嫁不出去，嫌我凶，又不会做女红。"

"我才不信呢。"叶山英打趣地说，"那些有钱人，那些财主佬，不挤破门才怪。"

"去去去，你才嫁财主佬呢！"张瑛姑恼怒地说。

过去在老家，因为长得漂亮，做媒的确实来了一拨又一拨，她没有一个看得上眼的。特别是那些有钱的人家，门都不让进，就被她打发走了。她想，她要喜欢的人，绝不会在他们当中。平时她也不太想这些问题，今天心里却有种说不清楚的感觉。

二人正说着，木格窗外传来一些奇怪的动静，一般人不仔细听是听不出来的。张瑛姑是个练家子，想都没想，把手中的湿布巾迅猛地甩了出去，只听窗外"啊"的一声，然后是一阵急促慌乱的脚步声。

叶山英惊诧地问：“怎么了？”

张瑛姑淡淡地一笑：“有人偷看，但被我打着了。”

叶山英又一惊：“那快去追。”

“不用了，已经跑了。”张瑛姑平静地说。

叶山英满脸敬佩：“瑛姑，你动作真快，刚才那样子可真像天上的矮魔，凶得很。”

张瑛姑不解道：“矮魔？什么是矮魔？”

叶山英一笑：“就是天上飞翔的老鹰，矮魔是我们本地的说法。”

张瑛姑哈哈大笑：“那以后就叫我矮魔好了，我要是矮魔，财主佬可不好过。”

第六章　方志敏第一次来万年

1928 年 10 月初。

在派遣张德善兄妹二人去坞头村找裴雄太以后，方志敏就穿着一件破旧的青布上衣，头戴斗笠，脚穿草鞋，化装成贫苦农民的模样，在共产党员郑心德的陪同下也上路了。他们走的还是新狮岭那条荒无人迹的山道。

这段时间，方志敏身体一直不大好，他的咯血病总是反反复复发作。

1927 年，方志敏先是被中共江西省委派去吉安搞农民运动。到达吉安以后，他组织吉安、吉水、遂宁、莲花四县的农会会员召开农民代表大会，进行“二五”减租运动。不久，组织上又派他去安福，领导农民自卫军，但还没动身就和党组织失去了联系。在等了十几天没有结果后，他觉得这样等下去不是办法，便决定悄悄地潜回老家弋阳，组织农民，自己先干起来再说。

回老家的路上他才知道，周恩来、朱德等人领导的南昌起义失败了，毛泽东领导的秋收起义也遭失败，上了井冈山。

现在的江西环境非常恶劣。各地的地主乡绅都组织了返乡团，见了共产党人和农会干部就杀。为了躲避风险，他常常是夜行昼伏，专挑偏僻的山间小道。

进入万年县境以后，他长长地舒了一口气，决定从富林村绕到坞头村，然后翻越新狮岭进入弋阳。这条路离他家最近，也最熟悉。可是，在经过富林时，却差点儿出事。

富林位于万年县东南部，全村一千两百多户，号称“千烟之村”，是当时万年县的第一大村。后来，曾一度成为方志敏领导的赣东北临时苏维埃政府所在地。因为这个原因，在红军撤退以后，这里石头过刀，茅草过火，国民党进行了疯狂的屠杀，直到现在，也没有恢复元气，人口锐减到六百多户。1926 年北伐军进入江西，江西的农民运动如火如荼，那时的地主豪绅逃走的逃走，龟缩在家的也不敢乱说乱动。但自从 1927 年 4 月 12 日，蒋介石叛变革命，形势大变，各地各村的地主豪绅纷纷出头，组建返乡团，进行疯狂的报复。

富林村的反动头子、大地主聂仕俊，这时也组建了一支六七百人的大刀队和梭镖队，专门捕杀共产党员和农会干部。外乡人途经富林，如果被抓住，没有本村人作保也会被杀头。

方志敏到达富林村时，正是这年 9 月中旬的一天早晨。五个马刀队队员在富林村村口发现了他，便大呼着追了过来。追到一个叫枫树岭的地方时，眼看就要追上，这时从林子里跑出来一个人，一把拉住方志敏，往他手中塞了一把柴刀，头上扣了一顶草帽，救下了他。这个人就是裴雄太。裴雄太这天本来是到葛毛坞砍伐造纸用的野苎麻，他当时并不知道，自己救下的就是大名鼎鼎的方志敏，而方志敏却深深地记住了他。直到 1928 年 3 月份，方志敏已经是中共弋阳县委书记，裴雄太在贵、弋、万三县交界的三板桥被农民革命团拦下，二人才再次见面，并互相通了名字和身份。也正是这次见面，影响了裴雄太的一生，使他从一个普通的造纸工人，成长为一名优秀的共产党员。

迎面凉风阵阵，耳畔蝉鸣声声。山里的秋老虎天气，从来没有山外那么燥热和纷乱。方志敏在一处泉水旁边喝了几口水，又洗了洗脸，然后坐在一块大青石头上歇息，等候张德善和裴雄太来碰头。

这个地方叫葛毛坞，是枫树岭下的一个小村子，大概四五户裴姓人家，是方志敏第一次途经万年遇险时，被裴雄太搭救的地方。往西北方向可以到富林村，往东南方向去就进入了弋阳的横岭山脉。这是他与裴雄太早就商量好见面的地方。之所以选择这里，一来是因为方志敏上次遇险走过这里，路比较熟；二来因为这里人家少，隐蔽，且又都是裴雄太家族的人，相对安全可靠。而且这里地理位置好，一旦有什么不利情况，方便撤退与转移。

郑心德警惕地站在一旁，时刻关注着路口的动静。

天上的白云一朵一朵地飘着，往事也一件一件地在方志敏的脑海里翻滚。他想起了自己的家乡漆工镇，一个小小的巡警贪赃枉法，一年竟然可以收受一万多大洋；想起了自己组织的九区青年社，大浪淘沙，一部分社员跟自己一样，成了共产党员，一部分却成了贪官劣绅的帮凶；想起了被敌人枪杀的共产党员、自己的好朋友赵醒侬；想起了中央农委书记毛泽东对他的指示和教诲；想起了在家乡组织的一次次农民暴动，不断失败又不断重新开始。对于万年坞头村这个地方，他充满了信心，这里穷人多，大部分是造纸工人和农民，容易接受共产党的思想和领导，是国民党统治的薄弱地区，尤其是听了裴雄太多次汇报以后，他觉得，是到了他这个举火者点火的时候了。

时间一点一点过去，按约定，张德善、裴雄太早就应该到了，到现在还没有来，是不是出了什么事情。

现在正是草木茂密之时，方志敏担心因草木遮挡，张德善他们看不见自己，错过了。他把郑心德叫过来，让他去前面眺眺高（站在高处瞭望观察）迎一迎。

郑心德应了一声，飞快地往前跑去。

看着郑心德利落迅捷的背影，方志敏眼里满是欣慰。这个小伙子是他的小同乡，跟着他干革命差不多两年了，为人机灵能干，吃得苦，进步很快，有着丰富的斗争经验，假以时日，一定能成为独当一面的难得人才。

由此，他又想起了以前在南昌创办农民运动讲习所时心爱的学生胡完生、黄仕彪二人，心中顿感一阵隐痛。

胡完生、黄仕彪是万年人，是方志敏在江西省立甲种工业学校的校友，又是他在南昌举办农民运动讲习所时的学生，二人毕业于万年姚西寿梅小学，以优异的成绩双双考入江西省立甲种工业学校，方志敏比他们高两级。

那个时候的南昌，刚刚经历了五四运动的洗礼，革命运动蓬蓬勃勃。方志敏担任甲工学校的学生会主席，经常发表文章、演说，宣传进步思想，因此，成为很多进步青年崇拜的偶像。胡完生、黄仕彪也一样，对方志敏非常信任和尊敬，年轻人那种立志报国的革命热情在方志敏的感召下，被迅速点燃。他们提高了对革命的认识，也结交了不少革命朋友，如邵式平、黄道、赵醒侬、曾天宇、袁玉冰等，并参加了当时最为活跃的革命团体“改造社”，给方志敏留下了非常深刻的印象。

1921 年春天，江西省立甲种工业学校掀起了一场改革学校教育服务的风潮，在那场风潮中，胡完生、黄仕彪这两个来自万年的进步青年表现出色，得到了方志敏的认可和赞扬。

事情是这样的：

当时江西省立甲种工业学校的校长叫赵宝鸿，是一个极其腐败的反动校长。他利用手中的权力贪污办学经费，并经常安插自己的亲戚朋友到学校任职。他安插的这些人都是不学无术之徒，根本没有能力教学，只是为了吃空饷混日子，因此把甲种工业学校搞得乱七八糟，教职员工意见很大。方志敏与“改造社”几位学生首领非常气愤，决定组织学生进行斗争，驱赶赵宝鸿。他们一方面进行演讲，一方面利用演“文明”戏来揭露赵宝鸿，要求赵宝鸿公开经费，撤换不称职的教员。

赵宝鸿嘴里不停地骂着，蛮横地拒绝了学生们的要求，并将方志敏等几个为首的学生代表斥之为聚众闹事，煽动学潮，将方志敏等人以“侮辱师长，目无法纪”的罪名开除，并挂出了公告牌。

赵宝鸿的粗蛮做法激怒了全校学生，整个甲工学校顿时沸腾起来。特别是胡完生、黄仕彪，方志敏是他们心中最尊敬最崇拜的人，见方志敏等人受到了如此不公平的处理，二人义愤填膺，奔至公告牌前，将公告牌一把扯下，摔得粉碎，大声呼喊着，领着众学生找赵宝鸿理论。赵宝鸿见势不妙，躲藏起来。学校找不到人，胡完生、黄仕彪又带领众学生赶至赵宝鸿家里，见赵宝鸿家里门窗紧闭，敲门不开，呼人不应，便合力破门而入，四处搜寻，仍然不见踪影，便将赵宝鸿家里的门窗家具捣个粉碎，方才回校。到学校后，学生们仍不解气，大家一商量，在原来悬挂开除方志敏牌子的地方另挂一牌，上书“劣迹校长，立即开除！”。

一时声起，南昌市学生联合会也带领各学校学生纷纷声援，罢学罢课。

赵宝鸿连夜跑到督军衙门，哭诉告状，乞求派军警镇压。

军警们立即出动，抓捕学生，很多学生被关押、遣散。但胡完生、黄仕彪等一大批学生并没有被吓倒，他们到处奔走呼号，使反赵的呼声一浪高过一浪，社会各界也纷纷策应学生，要求省教育厅撤换赵宝鸿。迫于社会各界的压力，省教育厅撤换了赵宝鸿。但同时方志敏等学生领袖也被迫离开甲工学校，去其他学校求学。

赣江码头，天空阴霾，风声呼呼，波浪阵阵，胡完生、黄仕彪等人在这里给他们的革命领路人方志敏送行，依依不舍。

胡完生、黄仕彪拉着方志敏的手说：“赵宝鸿等只知有身不知有国，猪狗禽兽也！先生立志报国，实为大丈夫！今日一别，不知何日再可见先生！”

方志敏安慰胡完生、黄仕彪说：“赵宝鸿等可开除我离开甲工学校，但开除不了我追求知识和光明的决心！今日暂别，后会有期！”

说罢登船飘然而去，消失在赣江的烟雾处。

1923年，方志敏回到南昌，组织“马克思学说研究会”，胡完生、黄仕彪应邀参加。1926年，胡完生、黄仕彪经曾天宇介绍，光荣地加入了中国共产党。当时，方志敏任国民党江西省党部农民部部长，在南昌创办农民运动讲习训练所。不久，胡完生、黄仕彪到方志敏创办的江西农民运动讲习训练所学习。学习结束后，根据方志敏同志的指示要求，二人以特派员的身份回到万年，组建革命工作，开展工农运动。

依旧是在赣江码头，当初胡完生、黄仕彪在此送别方志敏。彼时天空阴霾压抑，江中风高浪急。这日却艳阳高照，江中波光粼粼，风景如画。

临行前，方志敏再三叮嘱胡完生、黄仕彪二人道：“回到万年创办农民协会与工会，领导万年革命活动，首先是要成立党的组织，紧紧依靠工人阶级，发动贫苦农民群众起来斗争。”

胡完生、黄仕彪二人紧紧地握着方志敏的手，坚定地说：“请老师放心，坚决完成任务！”

方志敏目送着两位心爱的学生登上轮船，消失在赣江的尽头。

第七章　胡完生、黄仕彪误中奸计

1926年11月，胡完生、黄仕彪回到万年。

胡完生、黄仕彪回到万年后，先到对家畈周家凭吊了中国同盟会会员、孙中山先生的秘书长周道万的灵位牌。他们为家乡有这样一位革命先驱而感到骄傲，同时也暗暗下决心，效法先贤，为家乡的革命事业尽心尽力。

接着，胡完生、黄仕彪又拜访了恩师吴寿梅先生。

吴先生是国民党“左”派，省参议员，威望极高，倾向革命。今日见两位高足登门，喜不自禁，少不得杀鸡宰鸭，把酒款待。喝到高兴处，竟然一扫往日的师道尊严，对两位学生赞不绝口。

多年不见，胡完生、黄仕彪很是激动。他们见吴先生虽然比以前苍老了许多，但精神不错，气色红润，也非常高兴。见吴先生对他们如此器重，便也不隐瞒，把自己回到家乡的目的一一坦言相告，并恳请先生支持帮助。吴先生倒也爽快，一口应承，说自己当初创办寿梅小学，就是想在家乡培养青年才俊，为改变国家今日积贫积弱之状态出力。

有了吴先生的支持，工作就好做多了，胡完生、黄仕彪便根据情况各自走乡入户，访苦问贫，宣传革命，播撒火种，唤醒工农群众，聚集革命力量。

万年的革命形势一片大好，接着，胡完生、黄仕彪又根据方志敏的指示，着手培养入党对象，发展了黄金南为入党积极分子。同年 12 月，黄金南宣誓入党，中共万年特别支部正式成立。胡完生任书记兼宣传委员，黄仕彪任组织委员，黄金南任支委。党支部诞生后，他们便制订计划，积极开展工作，继续考察入党对象，扩大党的组织与影响，增强党的战斗力，并筹备成立万年县农民协会和万年县总工会。

1927 年 1 月 17 日，胡完生、黄仕彪根据中共江西区委和省农民协会筹备委员会的指示精神，在寿梅小学召开了由五十多名工人、农民为代表的会议。会上黄仕彪作了“关于成立县农民协会”的工作报告，胡完生作了“关于成立县总工会”的工作报告。黄仕彪被选为农民协会主席，胡完生为县总工会主席。同时，在吴先生的帮助下，还成立了万年商会、万年妇女解放协会、学生联合会等组织，吴先生被选为商会会长。另外还通过了“建立农民自卫军”和开展“打倒土豪劣绅，减租减息”的决议方案。第二天，万年县农民协会和万年县总工会的牌子正式挂出。

1 月 23 日，为了庆祝万年县农民协会、万年县总工会的成立，一千二百多人在寿梅小学隆重集会，并进行了游行示威。胡完生、黄仕彪走在队伍的最前面，他们高呼“打倒帝国主义”“打倒土豪劣绅”“实行减租减息”等口号，一路游行到县政府门口。县城居民从来没有见过这么多人的集会。多年以后，县城的老人们说，那可真是开了眼界，见了世面，好戏（耍）得很。到处是戴了红袖套的种田佬做工佬，那些种田佬做工佬戴起个红袖套套，硬是神气（有精神）得很，人都变了样子，都差点不认识了。连县长及警察都不敢来问一下，躲到衙门里不敢出来。

在县衙门口，胡完生、黄仕彪进行了慷慨激昂的演讲："做工的为什么穿不起土布衣服？更别说绸子洋布了。种田的为什么吃不饱肚子，一年四季都是王姑菜（当地的一种野菜，又苦又涩）泡饭？财主佬什么也不干，却穿金戴银，满嘴吃得油光。这都是因为我们的辛苦血汗被他们剥夺了，我们成立农会工会就是要把属于我们的东西拿回来！"话声刚落，游行队伍发出一片欢呼。接着，胡完生、黄仕彪领着农民自卫军冲进了大财主饶福先的家，没收了饶财主的财产作为农会工会的经费，并开仓放粮，救济穷苦人家。

这次游行，大大地鼓舞了工人农民的积极性，使万年的工农运动如火如荼地开展了起来。人们自发地唱起了万年民歌《十叶根知底》，不过，歌词作了一下改编：

……

九叶根知底啊
工会好神气
联合农民闹革命
减租又减息

十叶根知底啊

农会好神气

联合工人闹革命

分田又分地

……

为了壮大革命力量，保卫胜利果实，根据省农协和方志敏的指示，胡完生、黄仕彪带领五名农协会员来到县政府找县长潘涛要枪。因为虽然成立了农民自卫军，但是没有多少像样的武器，除了两只半天打不响的鸟铳之外，每个自卫军手里拿的武器不是梭镖就是砍刀。

县长潘涛精瘦精瘦的，像个发育不全的猴子，皮肤黄中带黑，一看就是常年吸食鸦片的烟鬼。他是个彻头彻尾的国民党右派，早就视农协工会为眼中钉，自然一口拒绝，说府库里没有枪支。胡完生、黄仕彪当即拿出省农协的公文，说你要不给就是破坏革命。潘猴子县长见有公文，马上改口，说要请示一下上边，自己不好做主，请胡完生、黄仕彪过几天再来。

三天以后，胡完生、黄仕彪二人再次来到县政府要枪，潘猴子县长却不在，迎接他们的是一个穿对襟大袄的肥白胖子。这胖子笑嘻嘻地把胡完生、黄仕彪迎了进来，说他叫方之屏，是县政府警察队队长，潘县长去省府了，临走之前有交代，让他把这个事情办好，请胡完生、黄仕彪不要着急，先喝杯进门茶，他已经让手下人准备去了。

茶端上来，这个姓方的肥白胖子陪着坐了一会儿，聊了一会儿天。眼看快晌午了，还不见有人进来。这方胖子有点急了，说手下人真不会办事，这么久了还没办好，请两位主席且坐一会儿，他去看看怎么回事。

也是一时大意，胡完生、黄仕彪也没觉着这方胖子没什么不对劲儿的地方，就同意了。方胖子笑嘻嘻地进后院去了，边走还边不停地点头示意。

胡完生、黄仕彪静静地喝着茶，耐心等着。方胖子进去不久，后院就传来杂乱的脚步异响。待到站起来看时，霎时惊呆，只见黑压压地进来一群拿枪的警察，二话不说，直向胡完生、黄仕彪二人扑过来。胡完生、黄仕彪见情况不对，飞身站起，骂了句："狗杂种，做细太宁（小人）做的事情，不要脸。"一人一脚踢倒一个，无奈对方人太多，已走不脱，被那些警察按住，手被反剪在后边。几个大汉便用膝盖顶着二人脊梁，往紧勒绳子。

待到将胡完生、黄仕彪绑好，呼啦啦又一阵脚步声，潘县长和方胖子带着几个马弁走了进来。这时，方胖子已经换去了那对襟大袄，戴着青天白日大盖帽，穿着一身黑皮，斜挎着一支盒子炮，凶神恶煞一般。再看那潘猴子县长，也跟往日不一样，穿着一件黑色真丝马褂，戴一顶黑色硬壳瓜皮小帽，一条亮亮晃晃的金表链子，耷拉着吊在胸前，鼻梁凹处，架着一副金丝眼镜。

胡完生、黄仕彪一见破口大骂道："你们这两个下流坯子，我们和你们无冤无仇，为何用这样下作手段诳我们？你们这是破坏革命，破坏孙总理'联俄联共，扶助农工'的三大政策。你们今天将我们抓了，且看你们如何放我们！"

潘猴子县长倒不急不恼，他捋了捋那几根山羊胡子，有气无力地阴沉沉地说：“放你？卧榻之侧，岂容他人鼾睡。你们农会工会未经县府同意，擅自集会游行，本县岂能容忍！今经请示上峰，给予严惩遣散。”挥手示意，将胡完生、黄仕彪押往县党部大牢。

胡完生、黄仕彪被抓，消息传出，气坏了二人的老师吴寿梅先生。

老先生是商会会长、农协委员，又是国民党省党部参议，有这几重身份，自然要营救自己的学生，不肯放过潘猴子县长。

吴老先生来到县衙，直接找到潘猴子县长，尚未开口，一拐杖便打了过去。幸是潘猴子躲得快，却把瓜皮帽子打飞了。

见吴老先生气大，潘猴子县长也吓得不轻。无奈此时又躲避不开，只得硬着头皮迎了过去，假装什么也不知道，笑嘻嘻讨好似地问一句：“吴老先生如何生此等大气？”

吴老先生并不客套，开门见山地问道：“为何要抓我的学生胡完生、黄仕彪？我也是农协委员，且将我一起绑了，与我的两个学生关在一处吧。”

潘猴子县长假意吃惊，说道：“吴老先生是省参议员，谁敢乱动？胡、黄二人既是吴参议员的学生，也自当放出来。只是我现在还不知道此事，不知道他们两个关于何处。且等我问问警察队方队长。”然后拱拱手，说一句，“吴参议员稍坐，我去去就来。”说完溜之大吉。

吴老先生在县衙等潘猴子，左等不来，右等不来，知道上当了。待要寻他，却又无从寻找，只得气哼哼地去了农协。

到了农协，吴老先生跟几个委员一商议，觉得此事不妙，需赶快救人，免得夜长梦多。想那潘猴子心狠手辣，时间久了，怕没有好事。文的要不来，只好演武戏，只有捉了潘猴子，方有转机。便让人敲锣唤人，很快唤来一百多农协会员。吴老先生长话短说把情况作了介绍，农协会员人人愤怒。吴老先生一面派人到南昌省农协报信求救，一面领着这一百多农协会员往县衙去了。

等到把县衙围住，却为时已晚，狡诈的潘猴子县长已经连夜把胡完生、黄仕彪二人押送到离县城二十多公里的陈营去了。

第八章　胡完生、黄仕彪英勇就义

却说这潘猴子县长把吴老先生扔在县衙，虽然溜了，心中却并不轻松。他心想，这老家伙是省参议员，在省党部也是讲得起话的，如果他真要到南昌告自己一状，自己这个五百大洋买来的县长估计也当到头了。便想着做个顺水人情，把胡完生、黄仕彪二人放了。只是此事已经向省党部报告了，如果没有合适的理由，真要放了，那自己这个县长也还是当不成了。左右为难，就后悔不该抓，不该听方胖子的。但现在事情已经做下了，后悔也没有用了。

潘猴子来到关押胡完生、黄仕彪二人的大牢，命人打开牢门走了进去。

胡完生、黄仕彪没有理睬潘猴子，严严正正地坐在那里。

潘猴子咳嗽了一声，说道："胡先生，黄先生，刚才你们的老师吴老先生来向我要人了，要我看在他的面子上，放你们出去。我说放出去不难，只要吴老先生的两位高足写个声明，出去以后跟共产党脱离一切关系，就没事了。这样吴老先生也有面子，我也就能交差了。"说完，又干笑了几声。

胡完生哈哈一笑，骂道："你们这些贪官污吏，恶霸豪强，要我脱离共产党，简直是白日做梦，别看你们现在用卑鄙手段抓了我们，但是你们却难以走出这姚西古城。”

一句话倒点醒了潘猴子县长。他心想，这姚西县城内有农协会员一千二百多人，等他们全部集拢，包围了县衙，警察署区区几十人，不可能抵挡得住，到那时候不放人也不行了。便擦擦脑门子上的汗，赶紧出来，命衙役关上牢门，匆匆而去。

潘猴子没有去县衙，而是去了警察署命人把方胖子找来，让他召集所有警察，连夜把胡完生、黄仕彪捆绑好，押往陈营。等到吴老先生领着一百多名农协会员赶到，早已是人去牢空，气得吴老先生直跺脚。

陈营，僖子岗古庙，胡完生、黄仕彪被关押在这里。

昔日香火旺盛、烟雾缭绕、人声鼎沸的僖子岗古庙，此时却阴森冷清，杳无人迹。

佛堂变刑堂，极乐世界成了人间炼狱。

为了防止走漏消息，潘猴子和方胖子派人赶走了庙里的僧人，同时禁止善男信女来烧香拜佛、求神请愿。

之后，国民党县党部组成了一个以潘猴子、方胖子、徐加琛、孙翼谋为团伙的劝返团，轮流对胡完生、黄仕彪进行劝降，遭到胡完生、黄仕彪的怒斥。

胡完生慷慨激昂道：“革命必定会成功，为革命牺牲是光荣的。你们这些反动分子必将受到革命的严惩，终究会死在人民的手里。”

黄仕彪怒目相斥：“我为革命，一心到底。要我投降，白日做梦。”

再劝，二人便不再开口说话。

劝降不成，恼羞成怒，潘猴子下令严施酷刑。

这些没有受过专业训练的凶徒，其凶残程度比专业的刽子手有过之而无不及。他们将胡完生、黄仕彪绑在庙柱上，剜眼睛，割耳朵，用竹签扎生殖器，将身上皮肤一块一块拉开翻卷，露出鲜红的肉来，然后抹上盐和辣椒水……那种疼痛撕心裂肺，如万蛰啮身。两天下来，胡完生、黄仕彪不知道昏死了多少次，浑身血糊糊的，不成了人形，却硬是一声不吭，坚贞不屈，反倒使逞凶者惊骇。最后，潘猴子决定，将胡完生、黄仕彪秘密杀害。

3 月 27 日夜，春暖乍寒，最难将息。潘猴子一行人将胡完生、黄仕彪抬到方胖子的老家石鼓方家活埋。其时胡完生、黄仕彪已经是弥留之际，没有了意识。方胖子命人挖出一个大坑，将胡完生、黄仕彪用稻草裹住，扔进坑中，填土掩埋。

此时，方志敏指派省农协常委陆智西、卢桃先带领七十余名前来营救的省工人自卫队队员刚刚来到万年，听闻噩耗，悲愤异常，便在万年县城暂住下来，与吴老先生商量如何惩办凶手。奈何潘猴子等人已经得了消息，便不肯回县城，龟缩在石鼓方家。自卫队几次攻打，却是攻不下来，双方互有死伤。

不久，蒋介石公然叛变革命，派出国民党三二五团团长肖致平率一个团前来万年。不得已，省工人自卫队只得撤走，万年革命与工农运动遂转入低潮。

方志敏正回想着往事，郑心德跑来报告，说张德善他们到了，但不见裴雄太。跟张德善一块来的，除了他妹妹张瑛姑， 还有另外一个年轻人。

这个年轻人叫裴廷宽，张德善刚来的那天，在裴雄太家里见过他。

原来，张德善兄妹住到董源肖家村以后，裴雄太每天都要赶到那里与他们见面，商量事情，然后去附近村庄发动群众，宣传革命。

他每天这样早出晚归，终于引起了一个人的注意，这个人就是大地主裴灯辉。

自从那天放走张德善兄妹以后，裴灯辉心里就一直不踏实。他为人狡黠，生性多疑，总觉得张德善兄妹不像是普通人。他非常害怕，怕在他这个地方，也出现共产党组织。那天他派爪牙肖乃成跟踪裴雄太等人，可肖乃成却不明不白地被人打晕了。据肖乃成后来报告，说裴雄太家里人很多，感觉像是在聚会。这几天他也发现，村里面好像有一种异样的气氛，那些个穷鬼都爱往裴雄太家跑，而远远地躲避着他，就愈发让他感到心急如焚。于是，他一方面派人去富林村，向他女婿、反动民团头子聂仕俊报告情况，一方面觉得裴雄太是个危险人物，得把他先控制起来。

这天一大早，裴灯辉就带着一大帮人去裴雄太家里，以裴氏家族议事的借口，把裴雄太骗到裴氏祠堂问话。这一切，恰好被前来走访的裴廷宽看见，在裴雄太的暗示下，裴廷宽飞快地跑到董源肖家村，向张德善报告。

听完张德善等人的述说，方志敏长出了一口气，放下心来。他觉得就这些情况，并不能说明裴雄太已经暴露身份。裴灯辉也不能仅凭这些情况，就把裴雄太抓起来，毕竟他还是裴氏一族中比较有影响的长辈，裴灯辉不敢把他怎么样。目前要做的是先把人救出来，时间长了怕情况有变。

于是，方志敏把裴廷宽叫了过来，详细地叮嘱裴廷宽，要如何去做。裴廷宽听完以后，告别众人先自走了，而方志敏则在张德善等人的伴随下，向董源肖家村走去。

第九章　祠堂脱险

裴雄太被裴灯辉关在祠堂里，差不多整整一天。

其实，裴灯辉带人在他家门口一出现，裴雄太就知道准没好事。他倒不为自己担心，他知道，就目前裴灯辉所掌握的情况，并不能对自己怎么样。他所担心的是，本来今天他和张德善要去葛毛坞迎接方志敏，如果他们没有等到自己，而直接到坞头村来，这样就麻烦了。这岂不是等于自己把自己往虎口里送，方志敏也会很危险，那对革命将造成无法弥补的损失。正焦急之时，恰好碰上裴廷宽，裴雄太就对他说："本来今天约了乐思恭，去葛毛坞砍野生苎麻的，但现在族长说，要到祠堂商量事情，估计一时半会儿去不了，你给他送个信，跟他说一下，今天我就不去了，让他自己去吧。"他边说边用双眼紧紧盯了一下裴廷宽。他心中急切地希望，裴廷宽能明白他的意思。

裴廷宽也是坞头村农会的骨干分子，裴雄太经常带着裴廷宽去各村组织宣传，是他的左膀右臂；而且裴廷宽与他哥哥裴廷标，人称"坞头双虎"，练就一身的好功夫，一般无人敢惹。就是大地主裴灯辉，对他们兄弟也非常忌惮。等裴灯辉带着裴雄太走了以后，裴廷宽便飞也似的，向后山董源肖家村跑去。

事情正如裴雄太担心的那样，因为今天是个非常重要的日子，张德善等了半天，等不到裴雄太，便和乐思恭等人商议，决定去裴雄太家里找他，幸好在半路上遇到了裴廷宽。等裴廷宽把情况一说，张德善觉得事情严重，当机立断兵分两路，他跟妹妹张瑛姑以及裴廷宽去迎接方志敏同志，乐思恭几人赶往坞头村，想办法与裴雄太取得联系。

裴氏祠堂内，气氛紧张而沉闷。

这是一座典型的徽式建筑，三个大堂，两个天井，榫卯结构，整个祠堂为正反双“丁”字形，与大门口的“人”字照壁相对应，暗寓“人丁兴旺”之意。

祠堂里人并不多，除了裴灯辉、裴火辉、裴长辉三兄弟，还有裴灯辉的儿子裴廷富、打手裴维林和三个家丁，他们都不怀好意地盯着裴雄太。

裴雄太找了个靠上首的椅子安详地坐下来。

突然，阴森的祠堂上空，飘进来一阵悠扬的笛声，是乐思恭常吹的那首《十叶根知底》。

裴雄太暗暗一喜，知道裴廷宽已经把信送到，便放下心来。

进了祠堂，裴灯辉就变了脸，他用手中的拐杖一指裴雄太，阴沉地说道：“按辈分讲，我得管你叫声细细，不同果树同果园，都是一个祖宗下来的，但是，”他突然声音提高说道，“你最近总是早出晚归的，是干什么啊？有人可跟我说了，你是在跟共党搞‘赤化'。"

裴雄太从椅子上站起来，说："别乱讲，什么是共党？我听都没有听过，这样的事情可不敢开玩笑。"

裴灯辉脸色越发难看，阴阴地讲："哪个在跟你开玩笑？论家事，你是长辈，论国事，我是族长。你不是就好，不过我有一事不明，你母亲过生日那天，肖乃成怎么会在你家门口晕倒，他说他是被人打晕的。"

裴雄太冷笑着反问道："无冤无仇的，我打他做什么？他那天确实是晕倒在我家门口，乡里乡亲的，你说我还能见死不救？不过，有一件事情，我也搞不明白，你说他来我家干吗呢？要是想喝我娘的寿酒，那就进屋啊，像鬼一样的，躲在外面干吗？"

裴灯辉尴尬道："哦，哦，是呀是呀，他躲在外面干吗？真是狗肉上不得桌。"

一会儿，裴灯辉脸色稍微缓和，装作很亲热地说道："近来山外共党宣传'赤化'，闹得很厉害。雄太细细啊，你可不要受共党的影响，跟他们搞在一起，会杀头的。"

裴雄太也假意感动道："不会的。族长，多谢你关心，但我真不知道什么是共产党。"

裴灯辉道："哦，那就好，那就好。"接着又假装不经心地问道，"你娘过生日怎么那么多人？我看那些人也不是你的亲戚啊，非亲非故的，这些人怎么都到你家给你娘祝寿？而我这个本村的族长反而不知道，难道我还不如他们外姓人？"

裴雄太又是一笑："穷帮穷，贫帮贫，都是在附近山上要手艺造纸的工人。你应该知道，我平时虽然没挣到什么钱，但人缘还是挣了一点的。族长你是有钱的财主，这么点小事怎么敢惊动你呢？”

裴灯辉换了一副腔调说：“雄太细啊，你那个表弟表妹以前来过我们村吗？我怎么没见过？”

裴雄太说：“以前来是来过，只是我们裴家近百来户，族长你平时又忙，我们这些穷亲戚你怎么可能都认识。”

裴灯辉悻悻地说：“哦，有道理，有道理。雄太细啊，最近弋阳、贵溪那边共党在闹事，你表弟表妹不会是那边过来的共党分子吧？”

裴雄太假装害怕地说：“应该不会的。如果他们是共产党，我就跟他们断了这门亲，省得连累我。族长，你看如果没有什么事，我就回去了。”

裴灯辉满脸不高兴，转过身对向裴廷富、裴维林使了使眼色说：“不急着走吧，我事儿还没说完呢。”

裴廷富、裴维林二人走上前，猝不及防地抓着裴雄太的衣领，对着裴雄太拳打脚踢，把裴雄太打倒在地。过了好久，裴灯辉的两个弟弟裴长辉、裴火辉才叫停，假惺惺地训斥裴廷富、裴维林，说你们好端端地，打人做什么？然后把裴雄太扶起来，说：“雄太细啊，如果有什么事，你可要告诉我们实话。不同果树同果园，不管怎么说，我们都是一家人，都姓裴啊。说了我们才能帮你，你要是不说，富林的聂仕俊团总，可是要我们把你送富林。真要是送去了富林，我们就帮不了你啊。”

裴雄太把他们二人推开，擦了擦嘴角上的血，冷冷地说：“好歹我也是你们的长辈，饭可以乱吃，话不能乱说。没有的事情，你让我说什么呢？这可是要杀脑壳的。”

裴雄太的回话让裴长辉、裴火辉面面相觑，一时怔住。

这时，去富林的家丁回来了，说聂团总让把裴雄太带到富林去。

这下裴灯辉为难了，裴雄太是族中辈分比较高，而且很有影响的人，他现在什么都没承认，无缘无故地把他送到富林去，恐怕全族人都不会答应。正僵持着，祠堂大门猛然被推开，裴廷宽与他哥哥裴廷标闯了进来，后面跟着二三十个裴姓族人。

裴廷宽一眼就看见被打伤的裴雄太，赶忙上前扶住他。

裴廷标大踏步地来到裴灯辉跟前，双手一抱拳问：“请问族长，我们爷叔佬犯了什么法，你们关着他一天不让回家？”

看见裴廷宽、裴廷标兄弟二人，裴灯辉有些心虚发怵，连连后退说：“二位贤侄，二位贤侄，我们不是关押雄太细，他是长辈，我们只是请他来议事。”

裴廷宽愤怒地说：“议事？有这么议事的？把人打成这样？”

裴廷标一把揪住裴灯辉：“八仙桌上是八个人坐的，我们坞头裴家百来户人家，大家都姓裴，你当族长也不能一个人说了算吧。今天这事你得给个说法。”

裴灯辉平时仗着自己是族长，有钱有势，在村里欺男霸女，为所欲为，早就引起族人的不满。今天听裴廷标讨要说法，人群中一片附和之声。

裴廷富见状，赶紧上前打圆场，他拉住裴廷标的手，连声说道：“廷标兄弟，廷标兄弟，都是一家人，有事好讲，有事好讲。”

裴廷标松开裴灯辉，将裴廷富重重一推，呵呵地笑起来：“兄弟？这可不敢当。你是有钱的大少爷，我们是穷泥腿子，可不敢跟你高攀。”

裴雄太虽然非常愤怒，但担心会因此耽误大事，就拦住裴廷标、裴廷宽，强压怒火，对裴灯辉说：“族长大人，我现在可以回家了吗？”

裴灯辉正骑虎难下，怕这样下去酿成事端，裴雄太如此一问，无异于给他一个台阶，马上就坡下驴，满脸堆笑地说：“当然可以，当然可以。雄太细啊，今天廷富、维林这两个孩子不懂事，冒犯了你，改日我上门向你赔礼道歉。”

裴雄太轻哼一声，推门而出。

第十章　月夜比武

董源肖家村，山路弯弯曲曲，坎坎沟沟多，实在不好走。

方志敏一行人风尘仆仆地急速赶路，已经遥见青山崇岭间的董源肖家村，被一条条山溪环绕，青松翠竹，绿树成荫，瀑布飞流而下。方志敏禁不住叹道："新狮岭真乃藏龙卧虎之地呀！你看这莽莽群山，一望无际的原始森林，藏个几万甲兵没有一点儿问题。"

张德善答道："这两天我查了《万年县志》，县志上说，万年地偏而幽，因明朝姚源人王浩八带领农民造反而立县，是个藏污纳垢之地。"

方志敏笑着说："那是贪官污吏地主财绅写的志，他们怎会顾及穷乡僻壤民生艰难？老百姓没有活路，当然会揭竿造反。山高林密，官府不好围剿，自然就说是藏污纳垢之地。殊不知，这里正适合我们闹革命。"

正说着，远远地看见有两人向这边迎来。到近前才看清是叶山英领着一位年轻姑娘。离很远，叶山英就大声叫着"瑛姑，瑛姑"。

张瑛姑连忙跑上前，两个人见面手就拉在了一起。

叶山英说："你们去哪儿了？老早出去也不告诉我一下，害得我担心死了！”

张瑛姑把嘴贴近叶山英耳朵轻轻嘀咕一阵。

叶山英说：“真的，太好了！那你不早点告诉我，我好换件衣服，这个样子见人多不好，显得多邋遢的。”

张瑛姑说：“没关系的，没关系的。你不知道他是多好的一个人，没有一点儿架子，跟咱农民一样，以后就会晓得啦。”

过了一会儿，又问：“这位妹妹是谁？你也不介绍一下。”

叶山英说：“她叫邵花香，跟你一样是个大脚婆，你见过的，那天晚上在裴雄太家里。”

邵花香也过来说道：“姐姐，我还帮你倒过茶呢。”她这时还不到十九岁，却已经结了婚，生了孩子刚满月。

“哦，想起来了。怎么，妹妹也是这村里的吗？”

邵花香说：“我也是这村里的，山英姐姐还是我介绍加入农会的呢！”

邵花香的父亲是个篾匠。半年前，她挑着一担竹灯架子去坞头村叫卖。这种灯架子设计巧妙，小巧玲珑，可悬，可挂，可吊，不占地方，不仅好看，用起来也方便，很受造纸工人欢迎。在路过裴雄太的造纸作坊时，她被裴雄太叫住了。裴雄太想起方志敏跟他说过，妇女是受压迫最深的，有机会把妇女也发动起来。他觉得自己一个男人，做妇女工作挺不方便的，曾请求方志敏给他派个女同志来。今天邵花香从他门前过，他觉得这是个机会，就边挑灯架子，边和邵花香聊了起来。当邵花香听到妇女要解放啊，要有地位啊，嫁人可以自己做主啊，等等，觉得很新鲜，就借卖灯架子的机会，常常过来。慢慢地就成了裘雄太在坞头发展的第一个女农会会员。

邵花香跟叶山英在村里比较要好，回去就把这些道理讲给叶山英听。当叶山英听到，妇女解放以后，就不用再裹小脚时，被深深地打动了，裹脚之痛苦她是知道的。在邵花香的引导下，她也成了女农会会员。

正说着，方志敏等人过来了。

见到方志敏，叶山英、邵花香很激动，因为之前听到太多关于方志敏的传说，在她们的心目中，方志敏是神一样的人。

张瑛姑把叶山英、邵花香介绍给方志敏，说她们都是农会的人。方志敏听完哈哈一笑，对身边的张德善说："裘雄太多次请我派一个有工作经验的女同志来做妇委会工作，可有现成的他不知道用。我看瑛姑加上她们两个，完全可以成立妇委会。以她们为中心，把妇女们发动起来。"

董源肖家村叶山英的家，这里现在成了方志敏等人的临时住所。

肖家村要比坞头村更偏僻幽静，人迹罕至。在叶山英家，方志敏与刚刚摆脱了裘灯辉纠缠的裘雄太再次见面。

方志敏望着满脸伤痕的裘雄太，握着他的手说："裘雄太同志，你受苦了！"

裘雄太说道："为了革命，我们死都不怕，吃点苦算什么！"只是没想到他一语成谶，八个月以后，也就是1929年的6月，第一次坞头暴动失败，他与乐思恭的父亲乐富才等人，被富林的民团头子聂仕俊杀害。这是后话，暂且不提。

晚上，方志敏主持召开了由张德善、裴雄太、乐思恭等十多人参加的会议。

在会上，方志敏详细地介绍了弋横暴动的情况，分析了当前的革命形势，指出新的革命高潮必将到来，鼓励大家要继续扩大影响，团结越来越多的穷人支持革命、参与革命，尽快正式公开成立农会。当讲到有一些共产党人，胆小怕死，在革命低潮时脱党甚至叛党，出卖自己的同志，给革命造成巨大的损失时，方志敏深思熟虑地说道："革命不但需要不怕死，还需要提高警惕，当心革命的投机分子混进来，对革命造成严重的伤害和损失。"

徐柏顺神情极不自然，眼睑处似有一道不明显的新鲜伤痕。

这时，裴雄太、乐思恭二人把一个精明干练的小伙子拉到方志敏面前说："方书记，为了您的安全，我们想推荐一个人跟着您。"然后一指身旁的小伙子道："他叫裴廷宽，与他哥哥裴廷标人称'坞头双虎'，一身的好功夫。"

裴廷宽腼腆地笑着："其实我家现在住葛毛坞，就是早上去接您的那个地方，坞头是我家的祖宅。"

方志敏微笑着说："那葛毛坞是个好地方啊，本来今天晚上的会议是准备在葛毛坞开的，因为白天裴雄太同志到不了会，所以改到了这里。你可不够意思哦，早上到了你家门口， 都不邀请我进去坐坐，喝杯茶。"

裴廷宽红着脸，不好意思地挠挠头。

这时张瑛姑走了过来，两手叉腰不服气地说道："方书记，他是不是真的老虎，得试过了才知道。”

方志敏哈哈一笑，拍着裴廷宽的肩膀说：“怎么样，瑛姑是女中豪杰，我们的穆桂英开口挑战了，你这只老虎敢不敢应战呢？”

裴廷宽双手一抱拳：“好，那我就向女英雄学习了！”

屋外，清风习习，蝉鸣蛙叫，月色如昼。

张瑛姑、裴廷宽对面站立，相互一抱拳，展开了比试。

张瑛姑动作迅捷利落，像一只勇猛的老鹰，叶山英与邵花香手拉手站在一旁观看，禁不住叫起来：“真像天上的矮魔。”

方志敏闻听一笑，转过头看了看她们。

院子内，枣树上蝉鸣不止。徐柏顺看得兴起，一扬手，一道白光飞出，蝉声戛然而止，枣树上赫然钉着一支飞镖。

徐柏顺双手抱胸，颇为自得地笑着。

忽听叮叮两声，一前一后两颗石子打向飞镖，接着两条黑影纵起，在空中稍交即分，待落下站立，飞镖已在乐思恭手中，而裴廷宽缓缓张开的手掌心里，则是那只被钉死的黑蝉。

方志敏接过飞镖，看了看徐柏顺，轻轻击掌：“各位英雄身手不凡，真是藏龙卧虎，干革命都用得上。”接着，转过身来问叶山英与邵花香：“你们刚才叫瑛姑什么？”

叶山英脸一红：“我们叫她矮魔。”

邵花香接过话解释：“矮魔是我们本地话，就是天上的老鹰。”

方志敏哈哈一笑：“矮魔好，革命需要这样的矮魔！有了这样革命的矮魔，地主老财们就会害怕。”

从此，矮魔的名号就在坞头、董源、盘岭、大源等地叫开了。

每每提起她，人们脑海里就会出现一个手使双枪、身经百战、威震敌胆的女英雄形象。

可惜，后来在盘岭朱家山的战斗中，张瑛姑同哥哥张德善为了掩护同志们撤退，身负重伤，双双被捕。敌人在严刑拷打无果后，将他们兄妹二人杀害。张德善妻子汪金珠及两个年幼的女儿，被国民党押到现在的大源镇荷溪村官卖（国民党对红军家属进行买卖），后被好心人所救。

天鹰折翼，大地同悲！

第二天一大早，方志敏带着张德善、裴廷宽离开了董源肖家村，郑心德和张瑛姑留了下来。

第十一章　风景秀丽的珠溪河

清晨的大山，是一幅写意的山水画。一缕一缕的雾岚，在山中飘上飘下，与溪水里的水雾，融为一体，给山脚下的村庄披上一层薄薄的轻纱。

在坞头村到富林村的山道上，走来一男一女两个人。男的白面无须个头挺高，女的青帕盖头英姿飒爽，正是乐思恭与张瑛姑。按照方志敏会议上的安排，他们二人为一组，去龙岗、富林发动群众。或许是被眼前的景色所感染，张瑛姑心情不错，嘴里轻轻地哼起了一首刚学会的万年情歌《晒衣歌》：

日头喂落山诶夜了哩
妹叻呀出门哟收郎衣哟喂
竹夯杠哦长又长喂九个节啰喂
尺尺哦节节哟连着你呀喂
亲呀子哥　哥呀子亲
尺尺啊节节喂连着你呀喂
日头啊落山诶夜了哩

收了衣呀做了饭啰冒见你哟喂
日子哦长长喂三餐饭呀喂
三餐呀茶饭哟念着你哟喂
亲呀子哥 哥呀子亲
三餐呀茶饭哟念着你哟喂
唉嘿

乐思恭听得入迷，停下脚步，爬到一块石头上，面对眼前晶晶亮亮的珠溪河，掏出了腰中的竹笛，盘腿而坐，配合着张瑛姑的歌声吹了起来。笛声悠扬，时而轻松活泼，如春水过涧；时而缠绵悱恻，如泣如诉。乐思恭完全陶醉在自己的笛声里。他想起自己自幼丧母，全靠父亲一人辛苦带大，十一二岁就跟随父亲干活造纸，一年四季都在又脏又臭的水塘里捞纸浆。冬天冻得牙齿发抖，夏天蚊叮虫咬，一双小手肿得通红。但他从来不叫苦叫痛，因为他知道，每天晚上睡觉以后，父亲都会轻抚着他的小手，心痛得流眼泪。他不想让父亲更难过。长大后，父亲送他去学了门杀猪的手艺，说是“家有千贯，不如一技在身”。手艺学成后，他开了肉铺，可是却没有几个人买得起肉，吃得起肉。普通农民就是在最繁忙、最辛苦的大暑、小暑期间，也舍不得买肉吃。每天前来买肉的，哪有几个是穷人？他常常想，为什么有钱人家天天花天酒地，而穷人家食不果腹呢？自从参加了农会，他才慢慢明白，穷人之所以穷困，是因为这个黑暗的社会制度，是地主豪绅的层层盘剥。只有打倒地主豪绅，推翻反动统治，穷人才能过上好日子。笛声起伏跌宕，扣人心弦。

张瑛姑静静地听着笛声，也不去打扰他。一曲完毕，一时没人说话。

良久，张瑛姑打趣地说："总以为你是个英雄豪杰，莽夫大汉，谁知道竟是个圣手书生，满腹内秀。"

乐思恭平时很严肃，不大说话，今天却意外地对张瑛姑开起了玩笑："你要小心了！我如果是个占山为王的英雄豪杰，就抢你去做压寨夫人；我如果是个圣手书生，就娶你做我的秀才娘子。"

见乐思恭开起了玩笑，张瑛姑脸一红，也打趣道："那你可要小心，我可是梁山上的母老虎顾大嫂，专做人肉包子的，看你敢不敢要？"

"敢，只要我认准了，不管她是一丈青扈三娘，还是母老虎顾大嫂，我都敢要！"乐思恭注视着张瑛姑说。

张瑛姑心头一震，脸微微一红，夺过笛子假意要打。乐思恭连忙用手遮拦，一本正经地说："说实在的，你都二十好几了，怎么还不嫁人啊？你看你一双大脚，走路风风火火的像个男人似的，我都替你着急，到时候嫁不出去可怎么办？"

张瑛姑脱口而出："我才不怕呢，万一嫁不出去，我就嫁给你！"

因为两人都是以开玩笑的口气说的，所以并不觉得气氛尴尬。

随即张瑛姑又问道："听说你从小就订了亲事，怎么又不肯……"她是个姑娘家，"拜堂圆房"四个字终究不好意思说出来。

乐思恭扭转头，答非所问地说道："走吧，快到富林了。"

第十二章　黄墩星火

夏天的风，像刚揭开了盖子的开水锅，嗞嗞地冒出热气，吹到身上火热火热的，没有一丝凉意。

徐柏顺走在去松岗岭与黄墩村的路上，总觉得口干心焦，心里烦躁。和他一组的，是乐思恭的父亲乐富才，一个开朗而又精明的老人。

松岗岭与黄墩村两村相连，本是徐柏顺的祖居之地。

徐柏顺的父亲是个做棺材的手艺人，棺材在当地被称为寿房，又叫老屋。在农村，世世代代的山民一辈子再苦再穷再累，如果老了以后，能给自己预备下一副上等木材的老屋，精心制作，描龙画凤地漆上几道漆，在别人眼中就是有福气的人，这一辈子也就值了。

徐柏顺的父亲是个孤儿，非常穷苦，自小给棺材店当童工，慢慢地就学会了这门手艺。因为做事认真手艺好，不偷工减料，便慢慢地攒了一点钱，四十七岁那年，终于用一副上好的棺材，换娶了当地一个没有人要的大脚女人，并生下了徐柏顺。

为了不让徐柏顺像自己这样辛苦一辈子，夫妻两个省吃俭用，存钱送他去读私塾，后来又请武师教徐柏顺学功夫，想把徐柏顺培养成一个能文能武的人。徐柏顺自幼聪明，读书过目不忘，功夫也学得有模有样，让老两口心中很是慰藉。唯一让人不放心的是，这孩子似乎对女人特别感兴趣，老人虽然没有读过书，但也知道“万恶淫为首”，这方面行为不端，迟早会引来杀身之祸。

果不其然，后来徐柏顺因为和燕坞头村一个陈姓地主的小老婆通奸被发现，地主带人打上门来，老两口万般无奈，自己点火烧掉了自家的房子，人也双双烧死在里面。徐柏顺要不是跑得快，也肯定遭到毒手。

徐柏顺逃到了大山深处的坞头村，为了活命，当了一名造纸工人。在这里一干就是四五年，和裴雄太、乐思恭等人成了好朋友。中途他曾偷偷地回过村一次，才知道因为这件事情，父母又气又病，自己放火焚烧了房屋，双双烧死在大火里，是村里的好心人帮忙掩埋的。徐柏顺非常愤怒难过，当天晚上他偷偷地跑到燕坞头，放火烧了地主家的房子，从此就断了念头，不再回来。

这次受命回黄墩村宣传革命，他心里是五味杂陈，非常激动。他不否认，自己参加革命，是有报私仇之念。就目前来说，他非常支持革命，虽然他并不认为革命一定能够成功，但可以学学古时候的宋江，等有了一定资本的时候，再接受招安。同时，他还隐隐感觉到，在这风起云涌的革命大潮中，有很多人被裹挟，是不能左右自己的命运的。他觉得只要给自己一个施展才华的机会，他就能实现封妻荫子、光宗耀祖的梦想。

张瑛姑的出现，让他压抑很久的原始欲望骤然爆发。他觉得这个女人太美了：浑身上下匀称紧凑；一双黑而亮的眼睛，总是看似含笑却柔中有威；两眉之间一颗红红的美人痣，更显出几分英气。

张德善兄妹初到董源肖家村的那个晚上，他正在院子中流动放哨。走到张瑛姑的房前，忽然听到有洗澡的声音。他实在抵御不住空气中氤氲的、浓浓的女人味，四顾无人之后，便趴在窗户前偷看。张瑛姑那俊俏的瓜子脸、那粉嫩的皮肤以及雪白的胸脯让他口干心跳。开始的时候，他还能屏声静气，小心翼翼。后来叶山英进去了，两个女人的谈话他听得清清楚楚。他后悔自己怎么就没有想到去山崖上采摘野木樨花，帮张瑛姑打好洗澡水，心里对乐思恭充满了妒忌。后来张瑛姑脱去鞋子，挽起裤脚露出嫩白精致的双腿时，他再也忍不住，不由得呼吸加重，被张瑛姑发现，张瑛姑随手甩出湿布巾打来，饶是他躲得快，眼睑上也留下了一道不太明显的红印。因此他对张瑛姑是又爱又怕，总在想怎么才能得到张瑛姑的青睐。

后来，裴雄太、乐思恭把裴廷宽推荐给方志敏，张瑛姑不服，提出来和裴廷宽比试比试。他知道张瑛姑的真正目的，是为了方志敏的安全，试试裴廷宽的真实功夫。他也不失时机地露了一手，发了一飞镖，果然引起了方志敏、张瑛姑对他的关注和赞许。

“柏顺，黄墩徐家到了，现在怎么走？”乐富才老人的话，让徐柏顺猛地惊醒过来。他略微扫视了一下，指着不远处一栋黄泥垒墙的茅草房说：“进这户人家。”

第十三章　清清的九子溪

富林，九子岭。

一条蜿蜒的山路，曲曲弯弯地向上延伸。在九子岭的最高处，赫然矗立着一座寺庙——九峰寺。

九峰寺说是寺庙，其实更是一座藏书楼。富林村历朝历代的读书人，在考取功名之后，都会把自己读过的经典书籍贡献出来，储存于藏经阁，以供后代读书人继续研读。

九峰寺庄严肃穆，山高坡陡，平时难得有人来。

这里，有个流传很久的民间传说。

据说，不知道哪朝哪代，九子岭下住着一户人家，因见了九子溪水流清澈，水草丰美，鱼虾丰沛，便在此搭一草屋养鸭子度日。

一年除夕晚上，大雪纷飞，夫妻二人正准备用餐团年，忽听得门外有呜呜咽咽的哭泣声，听了让人好不心寒，便开门出去观看。见门外一老者，衣履破烂，脸色苍白，因为又冷又饿，正蜷卧在地，浑身发抖。一打听，原来是山下某财主家的风水师。万年风俗，古时候有钱人家，为保世代富贵，喜欢养风水先生，也叫养地仙，为自家建房造屋，娶亲嫁女，生养死葬，选吉日良辰、风水宝地。这个老地仙从年轻时候起，几十年来一直在财主家服务，现在年纪大了，财主嫌他又老又脏，便将他扫地出门。老地仙无儿无女，孤零一人，又冷又饿没有去处，走到养鸭人的门口时，不由得伤心地哭了起来。

养鸭人听完老地仙的哭诉，心中颇为同情，对老地仙说道：“你老人家若不嫌弃，就到我家来，跟我一起过。别的没有，鸭蛋管够。”

养鸭人态度真诚，老地仙也确实没有地方可去，便在养鸭人家里住了下来。

这一住就是三年，每天老地仙不做其他事，只沿着九子溪上上下下，走来走去，把九子溪走了个遍。

忽一日，老地仙把养鸭人叫到身边，说自己来日无多，硬要养鸭人给自己磕头，认自己为父。养鸭人见老地仙实在可怜，便恭恭敬敬地磕了三个头认了父亲。此时老地仙方才说道：他每天在九子溪上上下下，走来走去，是为了找一块风水宝地，今风水宝地已经找到，心愿已了，大限已到，合该去了。然后他告诉养鸭人，自己死后，请将他埋在九子溪的最高处，坟头对着下面九个小山头，日后养鸭人将有九个儿子，个个贵不可言，一门之中会有九子十状元。

不管养鸭人当时相信不相信，反正他是按照老地仙的话做了。

果然，第二年开始，养鸭人的女客是连生八个儿子，而且八个儿子长大后，都考取了功名，做了大官。

可是，当时老地仙说的是，他有九子十状元。

一日，养鸭人与他的女客说起此事，说老地仙什么都算得准，唯独这九子十状元有点像糊涂话，他们已经六十来岁了，现在只有八个儿子，不可能再生一个，就是再生一个，九个儿子又怎么会有十个状元呢？正说着话呢，有人敲门，开门一看，是养鸭人的侄子来报丧，说他父亲砍柴摔死了。侄子无依无靠，特来投奔他。说话的时候，正好养鸭人的女客从楼上走下来，侄子正好站在女客的胯下。万年风俗，男人是不能站在女人胯下的，除非是她的儿子。这样，养鸭人便多了个儿子。

这第九个儿子非常聪明，读起书来过目不忘。不久参加科考，一举高中。喜报寄到，养鸭人夫妻一时高兴过度，双双去世。

按古代礼仪，第九个儿子是不能去做官的，必须守孝三年。

于是，第九个儿子便把养鸭人夫妇葬于九子岭，并修一草庐守孝。三年期满，又一次去参加科考，再次高中，正应了当年老地仙九子十状元那句话。

其后，养鸭人的儿子们，陆续告老退休，便合力在养鸭人夫妇的墓旁，修一寺庙，便是这九峰寺。他们把各自读过的书籍，全部珍藏于寺中，以供后人继续研读。因此，九峰寺说是寺庙，其实就是一栋藏书楼。因为这个缘故，九峰寺在当地人心中庄严肃穆，平时很少开门，常人也不敢进去。

今天的九峰寺人有点多，陆陆续续地进去了十多个人。这些人当中，有一个叫聂凤来的，长得高高大大，最后一个进来，在这十多个人当中，特别显眼。

张瑛姑穿着男人的衣服，蓝灰相间的头帕包着头，一副山里男人的打扮。因为自己是外乡口音，就一直没讲话，只是机警地看着进来的每个人。

乐思恭在桌子上铺开红纸，每进来一个人，就写上一个名字，每一个被登记上名字的人，就马上咬破大拇指，在自己的名字上，按一个通红的手指印。

乐思恭对这些人都挺熟悉，边登记边不断地跟进来的人打招呼，进来的人也热情地回应着他。当看见聂凤来时，乐思恭站了起来，对着聂凤来双手抱拳，笑呵呵地说：“来了！”

聂凤来也马上抱着拳回道：“来了！”

乐思恭和聂凤来并不是初次认识，他们两个是同窗，在一起读过几年私塾，读书时又常在一起练习武艺。乐思恭善吹笛子，聂凤来爱唱串堂班，兴趣相投，很是聊得来。在接受方志敏的任务后，乐思恭到富林村发展的第一个农会会员就是他。

两个个头差不多高的山里汉子，一个白面无须，一个酱紫肤色，如今又一同聚集在革命的道路上。

“人到齐了，我们开会吧。”乐思恭道。

聂凤来说：“好，我们开会。”

乐思恭数了数，连张瑛姑、聂凤来在内，还有叶普金、聂凤来的哥哥聂子来和弟弟聂益来等总共十七人。这些人后来都参加了坞头暴动，再后来又都参加了方志敏创建的中国工农红军第十军。到新中国成立时，除聂凤来的弟弟聂益来以外，其余全部壮烈牺牲。这是后话，暂且不提。

张瑛姑在每个人面前摆上一只瓷碗，往碗里倒满了稻谷酒，又杀了一只公鸡，在每碗酒里滴入鸡血，端起酒碗口中念道：“遵守纪律，严守秘密，服从命令，牺牲个人，永不叛变！”她念一句，众人跟一句，然后将酒一饮而尽。

鸡血酒一喝，每个人的神情都凝重起来，空气仿佛一下子凝固了。这些人前几秒钟还是个普通的山民和农民，现在一下就变成了农会会员，有了自己的组织和做事的目标，因此都很严肃认真。对于革命，其实他们理解得并不很深，听不大懂。但革命了，就可以安心种田，就能吃饱饭，不受欺负，这是他们最渴望的，也是听得懂的。参加进来的人大多是哥哥带弟弟，叔叔带侄子，相互之间沾亲带故，非常熟悉，所以也比较放心。

乐思恭详细地介绍了当前的革命形势，讲了方志敏到了万年刚离开。有些人性子急，不等乐思恭说得太详细，就撸起袖子说："乐老表，其他就不要多说了，你就说怎么干吧，我们听你的。"

乐思恭见大家很热切，非常感动。他说："要革命就需要联络更多的穷人，只有穷人一条心，财主们才会害怕。但革命也很危险，有的时候命都保不住，所以大家也要有个心理准备。"

有人喊道："饿死也是死，参加革命拼一回，说不定还有条活路。"

气氛异常热闹。

正说着，一个人猛地推门进来，把大家吓了一跳。

乐思恭仔细一看，认了出来，来人叫徐明顺，黄墩村人，是徐柏顺的堂弟，也是徐柏顺发展的一个农会会员。

徐明顺用手抹了一把脸上的汗，说："不好了，我堂哥出事了。"

第十四章　松岗岭有个吴宽林

徐柏顺的出事完全是个意外。

黄墩村不大不小一百多户，基本上都姓徐。

徐柏顺、乐富才进去的那户人家，正是徐柏顺的堂弟徐明顺家里。

几千年以来，家族是构建中国社会最坚固的基石，是抵御外来危险最有力最可靠的保障，是以血统关系维持的、最可信的小政治团体。徐柏顺长年离家，这次回来自然会惊动家族中人。堂祖堂伯堂叔以及堂兄堂弟们，一个个闻讯前来看望他，那一刻他心里非常温暖，感觉被亲情包围了。自从父母去世，他很久都没有这样踏实过。族中父老们拉着他的手，拍着他的肩膀，问长问短，谈起他父母的时候，又不停地长吁短叹，不停地抹眼泪。他一边回话一边答谢，同时，他也抓住这个机会，向族人们宣传革命道理，指出只有参加革命，铲除贪官污吏，建立工农政府，才能耕者有其田。在徐柏顺、乐富才的宣传影响下，徐明顺、徐从顺、徐风顺、徐复兴、徐天来、徐天颜等一大批徐家子弟秘密加入了农会。革命的火种，就这样在亲情中迅速播下，熊熊燃烧。

黄墩村的革命形势顺风顺水，一片大好。徐柏顺、乐富才决定，把革命的火种，撒向一溪之隔的松岗岭。

这一天，两人正在商议，徐明顺进来了。他说："要在松岗岭开展革命宣传，我们可以从这个人开始。"

"谁？"徐柏顺、乐富才不约而同地问。

"吴宽林。"徐明顺不慌不忙地道。

吴宽林出生在贫苦人家，从小父母双亡，孤单一人。长得人高马大，天生神力。他平时人又热心，别人家缺粮少米的，只要他家有，二话不说，分给别人一半。曾经有这么一件事，松岗岭财主吴志浩办喜事，早上打糍粑的时候，为了显摆，吴志浩指着打糍粑的石碓臼说，谁能够把它抱起来走五十步，石碓臼与里面的糍粑就都归他了。这个石碓臼高三尺有余，是用当地的石灰石精雕细琢而成的，平时村里人借碓臼打点糍粑他都不同意，今天他是拿定不会有人抱得起来才这样说的。

吴宽林瞅了瞅石碓臼，估摸着它最少有两百斤，里面的糍粑也有七八斤，但自己抱起来走五十步估计没有问题。便紧了紧腰中的手巾（腰带），问吴志浩道："你说话算数吗？不后悔？"

"村里这么多人作证，我说话岂能不算数。"吴志浩说。

"好，算数就好。"吴宽林蹲下身子，往掌心吐了口唾沫，抓住石碓臼的两个耳环，猛地叫一声"起"，还真就抱起来了。然后他一步一步向前走着，足足走了七十多步，直到走出吴志浩的院子才放下，看得吴志浩目瞪口呆。放下石碓臼，吴宽林对周围的人说："糍粑大家随便吃，现在这个石碓臼是我的啦，以后大家要打糍粑尽管打，搬不动我帮你。”引来大家一片欢呼。

乐富才感叹地说：“这个吴宽林还真有把子力气！”

“不光如此，看起来他在松岗岭还很得人心。”徐柏顺吁了一口气说。

“可不是，”徐明顺接过话来，“后来又发生了一件事情，让村里人个个给他竖大拇指。”

那是前几年的一个冬至日。

俗话说，冬至大如年。

按万年习俗，这一天各村各姓都要轮流做东，组织祭奠祖先，请村中老人吃冬至饭，给新生儿上族谱等活动。

松岗岭吴家的冬至饭，今年轮到财主吴志浩做东。也是应了“越是有钱人越小气”那句话，吴志浩不想出这个钱，但这个话是不能说出来的。于是他就让长工找来一对大谷箩，在谷箩里装满冒尖一箩米，足足有一百七十多斤。说如果有人不用手，把装满米的谷箩用嘴一口气叼到祠堂去，中途不准休息，不但今年的米饭开支他家出，明年的开支他还接着出。如果没有，别说明年，今年的米饭开支他都不管了。

此言一出，举族哗然。

他是财主，有钱有势，谁敢顶撞他，摆明了就是不想出钱。

见无人说话，吴志浩非常得意，便吩咐长工把米抬进去。

“慢！”人群里有人站了出来，正是吴宽林。

“怎么？你要试试？”见是吴宽林，吴志浩心里有点发毛。

“试试就试试，怎么，不可以？”

“可以是可以，如果叼不起，怎么处罚你？”吴志浩阴险地说。

吴宽林不慌不忙，对着全村族人说：“如果我叼不起，我自带米饭到你家做三年长工。”

说完，吴宽林蹲下身子，把谷箩的绳子打好结，硬是用牙齿咬着，把装满米的谷箩叼到了祠堂。

吴志浩偷鸡不成蚀把米，从此再也不敢耍小聪明欺负人了，而在村民的心中对吴宽林又多了几分敬仰。

徐柏顺与乐富才二人听罢，相视一笑。

党史记载，吴宽林 1929 年 7 月参加革命，是松岗岭第一个农协会会员。坞头暴动胜利以后，他与徐柏顺直接领导了松岗岭农民暴动，并一举取得成功，消灭了反动民团头子吴志浩，成立了松岗岭乡苏维埃政府，被选为乡苏维埃政府主席。他作战勇敢，战术灵活，打过很多以少胜多的战斗，继乐思恭之后，曾任万年县苏维埃军事委员会军事部长、县苏维埃政府主席，是方志敏、邵式平非常倚重的军事干部，参加过粉碎敌人第一、第二、第三、第四次“围剿”，屡立战功。红军主力撤出万年以后，他带领万年红军独立连辗转在新狮岭、三县岭一带打游击，多次中弹负伤，因为没有医疗器械，就常用毛竹片将子弹取出，毅力非常，故能稳定军心，很使敌人头痛。1935 年 7 月，被敌人围困在弋阳马鞍山。由于叛徒彭乃臣、李义发出卖，为掩护其他同志撤退，爱人叶九英被捕，他当场壮烈牺牲，年仅二十六岁。

第十五章　徐柏顺误中埋伏

在徐柏顺他们谈论吴宽林的时候，吴宽林却主动来找他们了。

吴宽林是应徐明顺之约来找他们的。

最近几日，徐明顺总是来跟他讲“上名字”闹革命的事。松岗岭和黄墩一溪之隔，他和徐明顺从小就玩得好，知道徐明顺是个谨慎的人，一般不会随便开口。对于徐柏顺的事情他也有耳闻，要不是与燕坞头地主老婆通奸这一事情，他还真挺佩服徐柏顺。在这个小小的山沟里，识文断字又会武艺的能有几人？ 他认为请他喝鸡血酒上名字闹革命，就是请他合伙起刀杆子，拉队伍杀富济贫，这也是他一直想做的事情。这个世道太黑暗，穷人根本没有活路了，是得有人出来替天行道。不过他还是想先跟徐柏顺见个面，然后再决定合伙不合伙。

徐柏顺长得其实还是挺好看的，中等个头，略黄的皮肤，那双大大的鱼泡眼配上一对又黑又粗的眉毛，倒也透出一股虎气和精干。他的性格跟吴宽林还有些相近，因此两人一见如故，挺谈得来。这次见面以后，两人又见了几次，有时是吴宽林过来，有时是徐柏顺过去。时间久了，吴宽林才慢慢知道，闹革命不是起刀杆子拉队伍，更不是杀富济贫，而是为天下的穷苦人讨公道，推翻这黑暗腐朽的统治。他心中暗想“穷苦人终于有出头的日子了”，因此干劲更足了。只是他们不知道，角落中有双眼睛在仇恨地盯着他们，这个人就是松岗岭的地主吴志浩。

吴志浩跟别的地主一样，也不喜欢有人在他的地盘上搞“赤化”，搞什么分田平债闹革命，徐柏顺、吴宽林在松岗岭来来往往，早就有人报告了吴志浩，他怎么能不知道？他本来是想亲自动手，将徐柏顺、吴宽林一起抓起来，送到县党部邀功请赏。但又怕事情闹大，村里人不答应。最后他想出了一招借刀杀人之计：派人把这个事情告诉了燕坞头的地主陈长新。徐柏顺勾引了他的老婆，又放火烧了他家的房子，这个仇陈长新不会不报的。

果然，陈财主得到消息以后勃然大怒，立即召集了十几个青壮汉子赶往松岗岭。到了吴志浩家里，两人一商量，决定放过吴宽林，只抓徐柏顺。这样做的原因有二：一是因为徐柏顺、吴宽林一个有武功，一个力大无穷，两人同时抓怕对付不了；二是吴宽林在松岗岭深得人心，抓他怕引起村里公愤。徐柏顺是黄墩人，在松岗岭抓他，松岗岭人不会管。就是黄墩人来了，因为徐柏顺勾引了陈财主的老婆在先，又放火烧了他家的房子，也不会有太大的阻力。

事情果然如他二人分析的那样。

晚上十点左右，徐柏顺、乐富才从吴宽林家里出来，走过那片山坡，快要上村前的那座桥时，遭到了早已经埋伏在这里的燕坞头陈财主等人的袭击。徐柏顺感觉背后有根棍子向他扫过来，风声激荡，他一弯腰躲过了第一棒，可第二棒、第三棒却没有躲开，重重地打到后脑勺上，他哼都没哼一下就倒了下去。乐富才想去救，可他毕竟是个老人，力量速度都跟不上，被人死死地按在地上。这帮人把乐富才捆在路边的树上，嘴里塞上东西，然后明确地告诉他，他们是燕坞头陈财主的人，冤有头债有主，他们今天只抓徐柏顺，为的是了却一桩旧事，不想跟其他人发生过节。言毕一伙人扬长而去。

第二天天亮以后，乐富才被徐明顺等人发现救下。还好老人身体没有什么问题，就是有点心急。他把情况一五一十地说给徐明顺等人听，告诉徐明顺，赶快去富林九峰寺，找他儿子乐思恭想办法救人。

徐柏顺怎么也不会想到，有人敢在松岗岭到黄墩这么短的路上埋伏袭击他。

一盆冷水重重地泼到徐柏顺身上，徐柏顺醒了过来。他左右甩了甩头，把脸上的水珠子甩掉。他发现自己被绑在一个四合院的枣树上，手脚动弹不得，在周围火把的映照下，看到的全部是陌生的面孔。

“怎么样，这个地方很熟悉吧？”一个苍老而冰冷的声音从对面飘了过来。顺着声音望去，徐柏顺看见了财主陈长新。

一切都不需要多说。

这个时候，徐柏顺却并不感到害怕，他觉得该来的终归是要来的。于是，他冷冷地问陈财主道：“你想怎么样？”

陈长新还没有开口，燕坞头的那些个青皮后生就嚷嚷开了，一起喝骂道："跟你这个不要脸的有什么好说的，沉塘，然后叫黄墩人来领尸。"

陈财主把手一摆，声音静了下来。

陈财主走到徐柏顺跟前说："我燕坞头陈家虽然不大，但做事却大方清白。就是死，我也会让你死得清清楚楚，让你死得甘心。我问你，当年你父子二人来我家上户，我没有怠慢你们吧？每天一稀两干热点心，四餐伙食没少你们的吧？每餐饭桌上都有荤有素吧？我恭恭敬敬把你们当师傅供，为何你偏要做花柳贼？谁家没有女客，都像你这样做手艺，谁还敢请你们？你做了这样的下流事，还要放火烧我家房子，你还讲不讲理？你是不是觉得，是我到你们家逼死了你的老子娘，烧了你家房子？我告诉你，你老子娘不是我逼死的，是被你气死的。你老子做了一辈子手艺，人人敬重，那天你从我这里跑了以后，你老子求我跟他一起回去捉拿你，可没想到你没回家，你老子娘又羞又愧，说会给我一个交代。等我从你家出来不久，就发现你家房子烧着了，我才明白你老子娘原来是给我这个交代。现在事情我已经跟你说清楚了，看在你死去老子娘的面上，我不打你也不骂你，让你少受点罪，明天痛痛快快地死。"

徐柏顺听完，双眼望着黑黝黝的天上，嘴唇紧闭，不发一言。

还有两三个钟点就要天亮了，陈财主留下两个看起来比较精干的年轻后生看守徐柏顺，让其他人都去休息。

风悠悠地吹过来，这个时辰人是最容易犯困的。可绑在枣树上的徐柏顺却没有一点儿睡意，脑子里翻来覆去都是以前的事情。

他想起自己那个从小失去爷娘的老子（父亲），靠着在棺材铺做小工偷学的手艺，白手起家帮人造老屋（打棺材），千辛万苦积攒了一点钱，四十多岁才娶了自己的姆妈（娘），成了家。生下自己以后，那是千稀罕万宝贝，从来不让自己受一点苦。后来又省吃俭用地给自己请先生上私塾，请打师（武师）教自己学功夫，总指望自己能争气，能够光宗耀祖。又想起自己的姆妈，那个三十多岁才嫁出去的大脚女人，上山砍柴下河摸鱼开荒种菜，所有男人干的活她都能干，什么样的累都能受，就是没让徐柏顺吃过一点儿苦，七八岁了还经常背在背上，身上干干净净，脸上白白净净，和别的孩子站在一起特别显眼。最后他想起了那个女人，那个让他有家不能回，使他到处流亡的女人。可是，这一切能怪她吗？

这一切好像都是天意。

那个夏天，得知父亲要到燕坞头给陈财主造老屋，徐柏顺体谅父亲一人辛苦，提出来跟着去打打下手。要在以往，他父亲是绝对不会同意的，可那天竟然同意了。一架老屋没有十天半月是造不出来的，陈财主夫妻俩要造两架老屋，需要一个多月时间。徐柏顺给他父亲打了十来天的下手，感到枯燥无味，想回家休息几天。这时，那个女人出现了，那个女人一出现，徐柏顺就不想走了，他还从来没见过这么漂亮精致的女人。

那个女人一看就不是山里人。事后，徐柏顺才知道，那个女人是吃河水的（万年人把山里人叫吃井水的，把石头街人称为吃河水的），是石头街人，叫秀儿，是石头街一个裁缝的女儿。陈财主在石头街码头，装了一船米到景德镇去卖，看见这女子后，用一船米外加五百大洋换了她。

一船米换一个女客，这在当时的山里人眼中，简直就是败家子。等见了这吃河水的女客，男人们都说："值！"这女客比狐狸精还好看，虽然没人见过狐狸精，但估计就这个样子。这个女人，腰细屁股大，皮肤白得像豆腐，眼睛能勾男人的魂，胸脯鼓鼓的，在衣服里晃来晃去，好像随时要跑出来，哪个男人见了都挪不开步去。燕坞头人说，陈财主迟早要死在这女客的身上，绿帽子是戴定了。

就在这个时候，徐柏顺来到了燕坞头。

徐柏顺这天是第一次看见秀儿，但秀儿可是躲在窗户外看了徐柏顺好多天。直到听见徐柏顺跟他父亲说想一个人先回去，这才现身出来。

秀儿提着个青花大茶壶，来给徐柏顺父子送茶，两个人眼神一碰，秀儿就知道徐柏顺不会走了。

第十六章　夜救徐柏顺

石头街就是现在的石镇街，曾一度被称为小香港。

最早的时候，石头街只是乐安河流经万年地域时的一片乱石滩涂。

河水流到这里时，流势渐缓，河面变得宽阔。很多南来北往的商船走到这里，误了打尖的时间，没有休息的去处，就选择在此滩涂抛锚落帆，靠岸过夜。天长日久，滩涂便发展成繁华富庶的江南水乡小镇，与景德镇、吴城镇与沿山河口镇并称江西四大码头。

石头街上的居民，大部分都是跑船的外地人。那个时候石头街流行一句话，叫“一个包袱一把伞，石头街上做老板”。这是个花花世界，梦想者的天堂。

秀儿的家便在乐安河的码头边上。

秀儿的父亲除了给人做衣帽衫裤，还兼给南来北往的商船修补船帆。

每年陈财主都会在石头街雇船装大米去景德镇卖。

那一天，陈财主几乎雇用了燕坞头村一半的青壮劳力，三十多辆土车装满大米赶往石头街。

三十多辆土车，近万斤大米，堆在码头上，非常惹人注目。

长工们在装船，陈财主便在石头街上晃悠。当走到秀儿家的裁缝铺时，他走不动了，一双眼睛死死地盯着秀儿。

秀儿的裁缝父亲赶忙迎了出来："客官要做衣服？"

"不做"

"要补船帆？"

"不补。"

裁缝的脸暗了下来，每天迎来送往的，什么没见过。

"那客官要什么？"

"我要你女儿。"

裁缝抓起案板上的剪刀就想往陈财主脸上戳去。

"你若同意，码头上那些米就是你的。"陈财主动都没动，两眼不眨地盯着秀儿说，"外加五百大洋。"

剪刀在半空中停住。

上万斤大米加五百大洋，都可以买个大铺面开米行了。在那个兵荒马乱长年闹饥荒的年代，没有几个人能抵得住这个诱惑。

第二天，裁缝在三十多辆土车中找了辆比较新的，擦洗干净，铺上崭新的稻草垫子，绑上大红花，亲手把秀儿抱上了车。

那一年秀儿十九，陈财主四十九。

秀儿到燕坞头的晚上，陈财主的原配用一根绑土车的棕绳子把自己吊在房梁上，可惜没绑紧，掉了下来。

没死成的原配心疼那一万斤大米和五百块大洋，对秀儿凶得很。她辞退了原来烧饭的老妈子，这份活就属于秀儿了。原来老妈子的房间便成了秀儿的房间，规定陈财主没有经过她的许可，不准到秀儿的房间来。并警告，若发现陈财主偷偷地来秀儿房间，就把秀儿往死里整。秀儿的活动范围也限制在厨房和自己的卧室两地。

这下可苦了秀儿，她是在乐安河边上长大的，每天都像自由的野鸽子，挺着胸脯在石头街飞来飞去，惹得那些心怀鬼胎的后生仔，有事没事总到她家铺子里遛遛，趁她父亲不注意，掐一把她的脸蛋，摸一摸她的屁股。胆子大的，还会把手伸进她的怀里，胡乱地抓一把，然后慌忙逃走。她开始的时候还会脸红，但从不生气。后来这样的事情次数多了，看见那些后生仔慌里慌张逃走的样子，便咯咯笑得直不起腰来，笑他们真胆小没用！现在这一切都被改变，她好像被关进了鸽子笼。她恨自己那个裁缝父亲，好歹也是他的亲闺女，一船米加五百块大洋，就把自己卖给了这个大她三十岁的男人，给人做小不说，还不能天天见面。

恰好这个时候，徐柏顺父子俩来上户。（上户是万年土话，是指上门揽活耍手艺。）徐柏顺并不知道主家有这么个女人。因为天气热，每天干活不是光膀子，就是敞开胸口，一身白花花的腱子肉，把秀儿眼睛都看直了。

徐柏顺本来就长得比较清秀，又读过书习过武，那种长相气质，就是在石头街也找不出几个来。秀儿是在石头街上野惯了的，现又刚尝到了男女之间的那种快活，看着徐柏顺这样一个白白净净的年轻后生，她恨不得咬下他一块肉来。

从那天开始，秀儿就天天给徐柏顺父子俩来送茶。她一来，徐柏顺就又兴奋又紧张。秀儿每次送茶时，总是穿一件很薄的短袖单衣，露出白藕似的嫩手臂。徐柏顺接茶时，四只手碰到一起，心就猛地弹跳起来，他既不敢看秀儿，也忘记把手拿开。秀儿便用手指在茶壶底下轻轻弹两下，然后离去，脸上没有任何表情。

她一走，徐柏顺就像掉了魂儿。

一天，陈财主与原配去走亲戚，晚上不回来。他的长工都是本村中人，不住他家，便交代徐柏顺父子晚上替他关好大门。

吃罢晚饭，徐柏顺父亲关好大门早早睡去，徐柏顺照常练了趟拳，便准备去西侧门外的小溪里洗洗。这个小侧门平时是不关的，今天因为陈财主与原配要去走亲戚，临走之前就把它锁上了。徐柏顺只得去东厢房外的厨房洗澡。刚进厨房，就听见有哗哗的流水声，走近一看，是秀儿在淋浴。过去时候，山里人家的饮用水，都是用竹管在山上直接引下来，有点像现在的自来水。夏天晚上，竹管移动最后一节，便可淋浴洗澡。这时秀儿脱得一丝不挂，身材丰润，白得耀眼。

徐柏顺脑袋轰一下，张开嘴，想说话说不出来，想离开移不动脚，头发根根竖起，浑身热血上涌。正在这个时候，秀儿脚步一闪，似要摔倒。徐柏顺急忙张开双手，将这个柔软鲜活的人儿抱了个满怀，两张嘴自然而然地就咬到了一起。徐柏顺是童男子，秀儿却是个过来人，顺势就躺倒在脚下的青石板上。

陈财主当晚不回来，两个年轻人便毫无顾忌地厮缠起来。

尝到了这个滋味，徐柏顺每到半夜小解后就钻进秀儿的房间，反正陈财主没有经过他大老婆的同意不敢来。

渐渐地，秀儿脸上越来越红润，腰扭得比水蛇还活，更加放肆和张扬，走起路来像欢快的小鹿。这一切被陈财主不动声色地看在眼里。他是个过来人，这样的事情能瞒得过他吗？

一个多月后，两架老屋总算造好了。徐柏顺的父亲老徐头准备收拾收拾工具早点回家去。

陈财主围着用红心老椿树打造的寿房转了两转，满意地用手指弹了弹，夸赞道："好手艺， 好活计！"转过身对徐柏顺的父亲老徐头说："无论如何得吃过晚饭走，要不然别人会说我这个财主是'上门的师傅出门的狗'， 做人'确薄'（小气），以后落下个话柄给别人。"老徐头诚惶诚恐，再三推辞，说一家养不活个手艺人，他做活的人家多了，没见过陈财主这么好的东家老板。东家的好意心领了，饭就不吃了。

一个硬要走，一个真心留。

徐柏顺舍不得就这样离开秀儿，就说："爹啊，既然东家诚心相留，那我们就吃了晚饭走吧。"

老徐头见儿子开了口，不想让儿子失面子， 就同意了。

陈财主加了劲，晚饭挺丰盛，八碗八碟，自酿的陈年贡米稻谷烧。这样的排场，一般穷人家过年都不一定吃得上。

老徐头本不善饮酒，架不住陈财主热情相劝，就多喝了几杯。酒一多话就多，老徐头舌头大了，说："一样的米饭养千样的人，陈财主你是大好人，我给你做的老屋也虎作（扎实），你跟太太百年之后睡得肯定踏实。人活千年也是过路客，一辈子图啥呢？不就图个睡在土里安稳。"

陈财主就附和道："是的呢，是的呢。我们夫妻福气好，赶上了你这个好手艺。”就让大的跟秀儿都来敬酒。大的敬完酒，秀儿再敬。

秀儿敬到徐柏顺时，两人毕竟年轻，就露出了那么点破绽。陈财主不动声色，全落在眼里，便有了些冷笑。

吃完晚饭，夜已黑得很，老徐头是不能走了，便依旧回原来房间休息。陈财主安排秀儿收拾收拾，便和大的到后面正屋睡觉去了。

徐柏顺却睡不着，听着秀儿叮叮当当地收拾碗筷，想着秀儿，心里就像猫爪抓心那样难受。好不容易熬到夜深，没有了任何动静，徐柏顺一个鲤鱼打挺翻身起来，轻车熟路地来到秀儿房间。

一推门，门却没有落闩，刚进去就被秀儿两条粉嫩的手臂给匝紧，才发现秀儿已经躲在门后等他呢！徐柏顺一弯腰把秀儿抱起来扔在了床上。

这时，门外突然亮起来许多火把，有人大喊：“不要走了淫贼！”徐柏顺慌了，秀儿却镇定得很，说：“不要怕，你穿好衣服我送你走，跟你有了这一回，死也值了。”

陈财主在砰砰打门，嘴里骂道：“秀儿你这个臭婊子，竟敢在家里偷人，脸都让你丢尽了。你快开门，再不开门就踢门了。”

秀儿那石头街女子的泼辣劲上来了，拿着把剪刀，隔着门嚷道：“我就偷人了，你敢踢门我就敢光着身子出去，让你的长工们都看看，羞死你家八辈祖宗。”

陈财主气得口朝天，他没想到这石头街的女子竟然如此泼皮，说：“你个不要脸的，你偷人还偷出脾气来了。”

秀儿说：“我就偷出脾气了，你个老不死的，你娶了我又扔下我不管，这和守活寡有什么两样，我不偷人咋的？”

一句话，说得长工们哄地笑了。

陈财主把长工赶到一边，气哼哼地道：“你想咋的？”

秀儿说：“不想咋的，你让他们父子两个走，我以后就跟你好好过日子，再也不偷人了。你要不同意，我就死在你面前，让你人财两空。”

这下陈财主慌了，看样子这泼妇是做得出来的。一万斤大米加五百大洋，这才几天就没了，还得惹上官司。

僵持了一会儿，陈财主咬咬牙说：“行，我让他们走可以，但你们以后不许再来往，倘若以后再被我抓住，我就不放过你们。”

秀儿说：“行，你把你的人都叫走，我保证以后不会再跟他来往。”

陈财主挥挥手，长工们都散了。

这时候老徐头早醒了，气得浑身哆嗦，抄起大五尺照着徐柏顺就是一尺子。他这是生平第一次打儿子。这五尺得有小儿手臂粗细，徐柏顺要不是练过功夫，这一尺子就得背过气去。

这时秀儿已经穿好了衣服，喊道：“你还不快走？”

徐柏顺迟疑了一下，拔腿就跑。这一跑就是五年。

老徐头却没走，来到陈财主面前，扑通就跪下了，说：“耻死祖宗啊！陈财主你是个善人呢。这畜生你放过他我却不放过他，明天你跟我回家绑人，要打要杀随你。”说什么也不肯起来。

第二天，陈财主一行人来到黄墩徐家，徐柏顺却没有回家。

老徐头说：“陈财主你回吧，我自会给你个交代。”

陈财主前脚出门，老两口后脚就放火烧了房子，烧死了自己。

徐柏顺闭着眼睛想到这里，不由得长叹一声，心里不知道是后悔还是难过。早知道还是落在他手里，当初又何必跑呢？既然还是免不了一死，还不如那时跟秀儿死在一起，省得白白搭上父母两条性命。

只是不知道秀儿现在又怎样。

徐柏顺正胡思乱想，忽听得噗噗两声有人倒下，接着一个熟悉的声音问道："还能走吗？"睁开眼睛一看，正是张瑛姑与乐思恭。

徐柏顺点了点头，乐思恭解开绳子，三人飞身翻过围墙，消失在黑暗里。

第十七章　方志敏二到万年

1928 年 10 月下旬，方志敏再次来到万年。

仅仅半个月的时间，由于裴雄太、乐思恭、徐柏顺、叶新倌等人的努力，万年的革命形势发生了全新的变化。葛毛坞、坞头、乐家畈、朱家、董源肖家、龙岗、黄墩徐家、松岗岭等十几个村都播下了革命的火种，发展了不少农会会员。

枫树岭，葛毛坞，裴廷宽家里。

方志敏、张德善已经在葛毛坞裴廷宽的家里住了两天。这两天裴廷宽带着方志敏、张德善二人在葛毛坞四周的山上转了转，发现这里比坞头和董源肖家村更为偏僻，地势更为险要。

葛毛坞整个地势狭长，东西长七八公里，南北宽两千多米。在山头与山头的中间，是一个不大不小的盆地。盆地被开垦成了一畦一畦栽满了水稻的农田。全村只有五户人家。只有往西有一条羊肠小路，而且经常豺狼出没，即使是成年男子，大白天也不敢一个人赶路。四周山上树木森森，遮天蔽日，流泉四布，到处可见清澈的溪流。最大的一条溪水，发源于新狮岭，流经弋阳、贵溪、万年三县，溪宽近十米，水流湍急，哗哗直响，是珠溪河的主要源头之一。

虽然之前已经来过两次，但都是匆匆而过，没有像这次一样，一个山头一个山头地踏足。方志敏对葛毛坞的地势非常满意，对每一道山坡，每一条岔路，每一条沟渠，甚至每一棵稍大点的树木，都熟记于心。如果说董源肖家村可以隐藏几万甲兵，那葛毛坞则可建造成天然的后勤机关及军事指挥中心。事实上后来也确是如此。坞头暴动成功以后，方志敏在葛毛坞建造了红军医院、红军学校、红军监狱及其他办公场所。（笔者曾于 2017 年多次到葛毛坞考察，当年的红军医院、红军学校、红军监狱及其他办公机关的断墙残壁至今依然存在，只是淹没在葛藤芦苇之中。在距离红军医院左上侧四十多米的地方，有一块长约三米、宽约两米翠青翠青的青麻石板，据说就是当年方志敏夏天休息与批阅公文的地方。）

晚上，裴雄太、乐思恭、徐柏顺、叶新倌等三十几人接到通知，到葛毛坞参加会议。在中共万年县委的档案中，这是一次具有历史意义的重要会议。在这次会议上，方志敏详细地询问并听取了裴雄太、乐思恭、徐柏顺、叶新倌等人的工作汇报，对他们前期的工作进行了总结和指导，他坚定地告诉大家："革命一定会成功，天下一定是由劳苦大众来做主！"鼓励大家要紧密团结工农群众，扩大革命的力量，为迎接革命大风暴的到来做好准备！接着，他亲手组建了大革命失败以后中共万年县第一个党支部，批准乐思恭、徐柏顺、叶新倌、郑春水等人加入中国共产党，郑心德为党支部书记，裴雄太、张德善、张瑛姑等人以老共产党员的身份对新党员的加入表示了祝贺。

现在已经无法探知方志敏那晚是怎样激动的心情。面前的这些人，可以说曾经是他的学生，他手把手地教会了他们做革命工作。现在又是他的同志、他的兄弟、他的战友，这一张张充满热情的脸，这一颗颗革命的种子，即将在万年这个被古代皇帝批示要“代代耕种，岁岁纳贡”的土地上生根发芽，即将在他的亲自带领下，去为年年“镰刀挂上壁，全家没得吃”的贫苦穷人而战斗。尽管他的身体一直不大好，凌乱的头发遮住了前额与双耳，由于长期咳血和营养不良，面孔显得异常苍白和消瘦。尽管他知道要革命就会有牺牲，他们中间的很多人看不到最后的胜利，会为此献出宝贵的生命，但国民党的叛变革命以及对共产党人的血腥镇压，消磨掉了他身上最后一丝书生气，同时也锤炼了他的意志，使他坚定了以慷慨赴死之心去热爱他的祖国，去拯救生活在水深火热中的劳苦大众的决心。他对万年人民充满了信心，以致后来在他的文集中，有“最可敬的是万年人民……”的赞语。

开完会，大部分人都离去了，只留下了裴雄太、郑心德、张瑛姑和乐思恭等人，这时差不多半夜十二点了。方志敏信步走出屋，站在月光下，看着院子外已经灌浆快要转黄的稻禾，耳听着蛙鸣虫吟的天籁，和四处汩汩的溪水声，心中产生了无限的感慨：我们的国家是多么的辽阔美丽，我们的人民是多么的勤劳淳朴。可是因为这样腐败的政府，国家贫穷落后，人民处于水深火热之中。这样黑暗腐朽的社会怎么能不去推翻和改造？

一阵山风吹过，方志敏感觉身上凉凉的。这几年，他咳血的毛病时而严重，时而有所减轻，从来就没有真正停过药。

裴廷宽从屋里找来一件棉袄给方志敏披上，随即又端来一大碗熬好了的中药汤递给方志敏说："方书记，您该吃药了。"这个自小习武的赳赳武夫，自从跟着方志敏以后，变得心细起来。有时看着方志敏天天咳血，他心中又焦急又难过；如果方志敏咳嗽稍微好点，他就会开心得像个孩子一样翻跟头，常常逗得方志敏哈哈大笑。

药汤冒出腾腾热气，方志敏接过药碗一边用嘴吹着喝药，一边很随和地对裴廷宽说："小裴啊，你家乡的环境这么美，等革命成功了，我们就在这里造一栋小洋楼，装上电灯电话，好好地享受生活！"

"方书记，只要跟着您闹革命，我们就一定会有好日子过！"裴廷宽说。

"不，不是跟着我，是跟着共产党！"喝完药方志敏笑眯眯地说，"这药真苦，不过良药苦口。"

第二天天刚亮，他们就起来了。方志敏决定转道去董源肖家村，然后从董源肖家村翻新狮岭回弋阳。

第十八章　叶山英牺牲

2012 年 6 月，江西万年裴梅镇董源肖家村正在举办一场葬礼，一个叫邵花香的老人，在她百岁生日过后不久去世了。她的死引起了从中央到省、市、县、镇、村等各级有关部门和领导的高度重视，人们送来了花圈和挽联，并对家属进行了慰问。这是坞头暴动最后一位亲身参与者与组织者，随着她的去世，坞头暴动彻底画上了一个永久的句号。

奇怪的是，在现有的党史资料中却很少提到这位老人，甚至连对于董源肖家村的介绍也很鲜见。 但是要说到方志敏亲自策划和指挥的这次坞头暴动，就必须要说到董源肖家村，说到邵花香，历史曾经在这里闪烁过非常绚丽的色彩。

1928 年 10 月下旬，开完葛毛坞会议以后，方志敏一行近十人天刚亮就起身去了董源肖家村，准备从董源肖家村翻越新狮岭到达弋阳。

为了不引起别人注意，方志敏等人专门挑选山中连野兽都很少走的小路。有时候走着走着没路了，他们就挥舞柴刀，披荆斩棘开辟新路。革命确实太危险，稍有不慎都会流血牺牲，他们已经失去了太多的革命同志。

可方志敏万万没有想到，尽管行程如此谨慎周密，还是有人发现了他们。

为了消灭共产党的武装，弋阳县财绅们自掏腰包，成立了大刀队，实行砍树巡山清剿。万年的财绅们，怕这些共产党的武装进入万年，也每天派出马刀队巡山。发现方志敏等人行踪的，就是富林民团团总聂仕俊派出来的马刀队。

马刀队悄悄地跟着方志敏他们，直到方志敏等人进入董源肖家村以后，他们才派人火速赶往富林，向聂仕俊报告情况。

方志敏一行到达董源肖家村时，差不多已经是午饭时间。

仅仅半个多月的时间，董源肖家村的农会活动已经开展得如火如荼，基本上到了半公开的状态。这在大革命处于低潮的 1928 年，是非常难能可贵的。

叶山英的家每天都很热闹，成了董源肖家村妇女们聊天拉家常最喜欢的去处。叶山英自己则成了董源肖家村妇女们最喜欢的人。

看见方志敏等人来了，叶山英很激动，她让妇女们散去，把方志敏等人迎了进去。

然后，叶山英又悄悄地把张瑛姑拉到一边，略带埋怨地说道："看你，方书记要来，你又不提前告诉我一声，好让我做点准备。你看现在，家里乱糟糟的，人家会说我这个女客不会收捡。"（不收捡是万年话，就是不爱干净、邋遢的意思。）

张瑛姑委屈地说："你别怪我啊，我事先也不知道呢！"

方志敏走过来，笑眯眯地说：“你们在说什么呢？”

张瑛姑答道：“方书记，山英怪我没有事先告诉她您要来呢！”

叶山英脸一红，一边摆茶碗一边说道：“没有叻，没有叻，方书记，您坐，您喝茶。”

张瑛姑赶紧招呼大家坐下，拿起茶壶，给每个茶碗满上。

方志敏笑道：“你不要怪瑛姑，她事先也不知道呢，怎么？是不是不欢迎我们呢？”

这时正好邵花香进来，背上还背着她刚出生一个多月的儿子。

叶山英高兴地说：“你们是贵客，请都请不来呢！”

乐思恭插话道：“你们知道吗？今天是方书记的二十九岁生日呢！”

叶山英更高兴了：“方书记，按我们这里的风俗，长长久久，过九不过十，今天我们就给您庆祝生日！”

乐思恭道：“好啊，有什么好吃的？”

“石鸡煮米粉吧，正好我屋里的昨天抓了几只石鸡。”叶山英对邵花香招招手，“你来帮我打下手。”

不一会儿，屋里就飘满了石鸡煮米粉的香味。

吃完饭，乐思恭抹抹嘴说：“山英，你煮的米粉可真好吃！”

叶山英笑呵呵地说：“好吃就多来，这个世道那么乱，万一那天我不在了，你想吃也吃不成了。”

张瑛姑听他们这样开玩笑觉得不吉利，就说：“好端端的尽乱说，怎么就不在了，啊呸呸呸！”又对乐思恭道，“你也是，有的吃也堵不住嘴，拍什么马屁！”

乐思恭挠了挠头，对叶山英道："都是你乱说话，害得我挨骂，这个祖姑奶奶，我可惹不起。"

叶山英望着他们二人只是笑。

张瑛姑脸一红，捶了叶山英一下道："好了，跟方书记说说这里的情况吧！"

叶山英家在整个村子的最西边，门口是一条清澈的小溪，背后是新狮岭的虎拦关，要到叶山英家里，必须经过门前小溪上二十多米的石板桥。这时，谁也没有注意，就在叶山英向方志敏汇报工作时候，虎拦关山道上，马刀队正在偷偷地向董源肖家村摸来。

乐思恭和徐柏顺等人在外面负责瞭高（望风观察）。

邵花香背着孩子走过来，孩子睡着了，她准备把孩子先送回家。乐思恭过来摸了摸孩子的脸，说了句："真可爱！"

邵花香抬起头，正要回话，突然看见山上好多人拿着大刀长矛快速向山下冲来，手里的大刀在阳光下闪着刺眼的光，便"啊"的一声惊叫起来。

这是聂仕俊的马刀队，接到巡山队队员的报告，说有一帮人去了董源肖家村，其中听到有一个被叫作方书记的人。

通缉方志敏的布告到处都是，聂仕俊是民团头子，他当然更清楚。他怀疑这个方书记就是方志敏。如果抓住方志敏，那他将立下大功。因此，他把马刀队三百多人全部带出来了。

乐思恭抬头一看，脸色大变，拔出背上的大刀对邵花香说："快，你去通知方书记快跑，我和徐柏顺去把他们引开。"说完，二人迎着那帮下山的人冲了上去。

不一会儿，张瑛姑、郑心德、裴廷宽、叶新倌、郑春水等护着方志敏跑了出来。邵花香对大家说：“方书记，你们跟紧我，我们到对面的夯杠山上去。”

张瑛姑一看，叶山英没有出来，急得大叫：“山英，山英，你快点出来啊。”她一时忘记叶山英是小脚，跑不动路。

叶山英急忙挥手：“你别管我，你快走，保护方书记要紧。”说完话，索性把大门关上了。

这时，山上下来的马刀队队员发现了他们，有一部分撇开乐思恭、徐柏顺，向方志敏他们冲来，嘴里不停地喊着：“抓方志敏，抓方志敏！抓住方志敏赏一千个大洋！”

张瑛姑一看来不及了，和大家一起保护着方志敏就向对面山上跑。

夯杠山是董源肖家村进村的一座护山，东西朝向，东边通向新狮岭，西边接着百丈岭天光寨。从叶山英家到对面的夯杠山，也就是一百多米的距离，跑过一片田畈，跨过一条十几米宽的小溪，穿过一片黑黝黝的樟树林，便是夯杠山。

夯杠山虽然不是特别高，但是特别陡。山里是一片原始森林，林深草密，遮天蔽日。如果不是本地人，进去容易，出来就很难了。

方志敏边跑边回头看了看乐思恭与徐柏顺，见二人已经砍倒了好几名马刀队队员，正边打边撤，往大山里跑。马刀队队员像狼群一样，死死地咬着不放，很是凶险。

这时追赶方志敏等人的马刀队队员已经追上来了，最多也就是十几步远的距离，连他们的呼吸声都听得到。

在这个关键时刻，突然听到叶山英站在她家里的门楼下不停地大声叫喊："你们别顾着自己跑啊，方书记还在我们家呢，你们快回来把他救出去！"已经快接近方志敏的几个马刀队队员，闻声停了下来，你望望我，我望望你，突然一起转身，向叶山英家猛扑过去。抓住方志敏就是一千大洋，谁都想发笔横财。

等到了叶山英家，踢开大门，才发现除了叶山英，屋里别无他人。几个马刀队队员一愣，随即恶狠狠地问："人呢？"

叶山英抹了抹盘好的头发，整了整衣服的领口和下摆，很平静地望了望几个穷凶极恶的马刀队队员，说："什么人？屋里没有别人，就我一个。"

"那你乱叫什么？"

"那些跑走的都是谁？有没有一个叫方志敏的？"

"我不晓得。"叶山英依旧平静地说。

几个马刀队队员面对着这个个头不算高，却面容异常美丽，穿着朴素，十分干净得体的女客，一时不知道如何是好。

也许是叶山英美丽的容貌和冷漠鄙视的态度惹怒了这些马刀队队员，激发了这些凶徒的邪恶兽性。突然一个络腮胡子的凶徒一把抓住叶山英的头发，蒲扇大的巴掌狂扇着叶山英，血从叶山英的鼻子、嘴角流出来。然后他把叶山英从堂屋里拖到院子里，挤在门楼的大门上，恶狠狠地问："你说不说？"

叶山英朝络腮胡子的脸上厌恶地啐了一口，怒目圆睁不再说话。

络腮胡子大叫一声，一刀削去了叶山英高贵的头颅。

或许是事情发生得太突然，太过于凶残血腥，大多数马刀队队员都还没有反应过来。院子里静悄悄的，竟然没有一点声音。

突然从夯杠山传来一阵婴儿的啼哭声，马刀队队员们才好像被解除了符法的妖魔，一个个清醒过来。他们抛下血泊中的叶山英，又飞快地朝夯杠山追来。

其实这段时间，方志敏他们都没有走，他们就躲在樟树林里，为叶山英的安全担心。叶山英家里发生的一切，叶山英的壮烈牺牲，大家都看得清清楚楚，大家心痛不已。大家明白，叶山英是以自己的死来换取众人逃生的机会。方志敏眼中噙满了泪，嘴唇咬出了血，裴廷宽等人几次要冲出去，被方志敏牢牢地按住。张瑛姑、邵花香早已经是泣不成声。

中华人民共和国成立以后，邵花香老人每讲到这段历史还浑身颤抖，手脚哆嗦，满脸是泪。直到现在，叶山英当年牺牲时的那个门楼还在，保存完好。屋主人拆掉了原来的老房子，却没舍得拆除这个门楼。用屋主人的话说，只要这个门楼在，我们的先烈就没有白死，人民就永远记得他们。或许这也是邵花香老人一辈子不离开董源肖家村的原因。

婴儿的啼哭声引来了那些凶恶的匪徒，也让方志敏等人清醒了过来。邵花香见马刀队队员又朝这边追了过来，便强忍悲痛，领着方志敏等人钻进了夯杠山。

孩子估计是饿了，不停地啼哭，马刀队队员循着哭声一路追来，怎么也甩不掉。在跑到一个分岔路口时，看着越追越近的敌人，邵花香解下孩子，一狠心，从山坡上扔了下去。众人大惊失色，谁也没有想到她会把孩子扔掉，想拦都来不及。孩子被扔下山坡后，哭声依然响亮，邵花香不等别人多想，含着眼泪拉着方志敏就从另外一条路上跑走。

孩子的哭声把那些穷凶极恶的马刀队队员引了过去，等他们追到跟前一看，才发现一个婴儿包袱吊在树杈上晃来晃去。庆幸的是这个孩子竟没有死，被人救下，奇迹般地活了下来，长大后参加了中国人民志愿军，保家卫国，直到现在还健在，已经八十多岁了，笔者曾于 2017 年采访过他。

晚上，等聂仕俊的马刀队走了以后，张瑛姑和裴廷宽去寻找乐思恭、徐柏顺。二人杀死不少敌人，但身负重伤，躺在一个隐蔽的树丛里，若不是张瑛姑、裴廷宽前来寻找，二人必死无疑。

这次突发的战斗，是徐柏顺这一生当中最辉煌、最壮烈的一段。后来坞头暴动成功，乐思恭任军事部部长，徐柏顺任农民革命团团长。再后来，乐思恭在一次战斗中壮烈牺牲，徐柏顺却因忘不了燕坞头陈财主的小老婆秀儿，前去与其私会，被陈财主报告了国民党部队驻珠山桥一个叫梅凤书的团长，徐柏顺被抓获，最后背叛了革命。国民党在利用完了他之后，把他枪杀在珠溪河旁的子岗桥上，尸体被大卸四块，扔进河中。

第十九章　张瑛姑复仇

目睹了叶山英的壮烈牺牲，方志敏悲痛万分。想着叶山英这么一个文文弱弱的女子，每次看见她都是穿一件斜襟式的蓝土布褂子，瘦削的双肩，黑油油的头发，永远梳理成那种常见的盘龙髻，斜插一根银簪，一双被缠裹的严重畸形的小脚，走起路来一扭一扭，来一阵风都担心把她吹走了。可是为了革命，竟是那么坚强。又想到中午还在一起吃饭谈话，听她汇报工作，仅仅几个小时后，就牺牲了。这是多么大的损失与教训。问题出在哪儿呢？方志敏陷入深深的自责之中。

叶山英的牺牲也给蓬勃开展的农会工作带来恐惧与慌乱，在很长一段时间内，有很大一部分山民见了农会人员就躲。鉴于这种情况，方志敏决定，为了稳定人心，减少不必要的牺牲，冷静一段时间，把裴雄太、乐思恭、徐柏顺、裴廷标等人先转移出去，到贵溪江坪参加贵溪、余江、万年三县的党员培训班学习。张瑛姑却不想走，她心中打定主意，不替叶山英报仇，怎么也咽不下这口气。一同留下的还有裴廷宽、郑心德、邵花香等人。

1928 年 12 月，葛毛坞。

自从乐思恭等人走了以后，张瑛姑、郑心德等人就住在葛毛坞，方志敏特地把裴廷宽留下来照顾他们。

对于叶山英的牺牲，张瑛姑始终不能释怀。两个多月来，她跟叶山英吃住在一起，情同姐妹。现在叶山英就这么悲壮地去了，心中悲愤。她很后悔怎么就忘记了叶山英是小脚，怎么就不把她背出来呢？她觉得叶山英的死跟自己有关，是自己没有保护好她。越是这么想，她心里就越疼，胸口就越堵得慌，就越想为叶山英报仇，找到那个络腮胡子杀了他，才能出心中这口恶气。

她的想法得到了郑心德、裴廷宽的支持。他们说："不杀了这畜生，叶山英的魂灵在九泉下得不到安宁，贫苦百姓也定会受到这家伙的恐吓和骚扰。"

说干就干，裴廷宽说："我先去富林摸清情况，看看这个络腮胡子姓什么，住哪里，平时都有什么爱好。杀了这个畜生以后再看怎么撤退。"

张瑛姑说："要去就一起去，看准了机会马上就干。如果要等到什么情况都摸好了，那要等到什么时候？"

党支部书记郑心德觉得张瑛姑说得有道理，就说："大家一起去，到了富林先找聂凤来，然后边摸情况边商量，人多想得仔细周到。"

三个人两把刀一柄铁锏，打扮成卖石鸡的。出发前，特地拐到叶山英的墓前。看着叶山英的黄土未干的新坟，张瑛姑眼泪又流了出来。她对着墓碑深深地鞠了一躬，说道："姐姐，我这就去为你报仇。你在天之灵别走远，看我如何提着那畜生的头来祭奠你。"

然后三人就顺着珠溪河，一路往下。遇到有路的地方就走路，遇到没路的地方就蹚水或者翻山。半天工夫，几个人就到了富林村。

裴廷宽说，他一个人先到村里转转，摸摸情况。郑心德怕出事，只是不准。三个便在富林村外，拦住一个耕田的老汉，打问聂凤来家在哪儿。老汉指了指前方不远处说："拐过那个墙角，门前有棵大枣树的便是。"

原来这富林村虽大，号称"千烟之村"（意思是有一千多户人家，一千多根烟囱冒烟），却只由八条胡同构成，所以又叫八家弄子，什么王家弄子、胡家弄子、丰家弄子，等等。聂凤来住丰家弄子里面。

三个人没费多大劲就找到了聂凤来家。一开门，聂凤来先是一愣，继而看见了张瑛姑，她还是九峰寺里那副打扮，然后就赶紧地往里请。

进得屋里，聂凤来关好大门，把女客赶到内屋，赶紧给三人让座倒茶。郑心德喝了口茶水，把来意说了说。

聂凤来说，叶山英牺牲的事他早就听说了，知道你们迟早会来，他已经把情况摸清楚了。他本来想自己动手杀了这畜生，又怕杀不了他反而惊动了他，更怕被他认出来连累家小，便暂时忍下了这口恶气。

这络腮胡子叫聂仕光，是团总聂仕俊的叔伯堂兄弟。本来家里也有几个钱，因为吃喝嫖赌抽，把家都败没了，到现在孤零零一个人，连个女客都没说上，便到聂仕俊的马刀队谋了份差事。聂仕俊的马刀队到董源肖家村偷袭方志敏，结果方志敏没抓到，只是杀了个女人。聂仕俊知道跟共产党这个仇已经结下了，共产党一定会报仇，躲是躲不过去的，就铁了心跟共产党对抗到底。要对抗到底就得有人帮他卖命，便重重地嘉奖了这个聂仕光，提拔他任中队长。

富林村虽说是个山村，但人口稠密，商业兴盛。开饭馆的，开粮铺的，开布庄的，比万年县城还热闹，自然也少不了花柳巷子。

聂仕光干上民团中队长以后，就横得不得了。整天在街上游来晃去，吃东家喝西家，强买强卖，调戏妇女，伤天害理的事情都干绝了。哪家不愿意，他就把手中的刀往桌上一拍，说："认识这把刀吗？就是这把刀在董源肖家村杀了个女共匪，你摸摸利快不利快。"富林人是又恨他又怕他，可谁也不敢惹他，就巴望着共产党有能人来收拾他。

几个人在聂凤来家里商量了半宿，也没有个好注意。最后，聂凤来说："要不这样，明天晚上我做个东，请聂仕光吃饭，就说恭贺他当了中队长，给他庆祝庆祝。吃完饭后，你们悄悄跟在他后面，到他家里把他宰了。"

三人一合计，觉得这个办法可以，就按计划准备行动。

第二天中午，机会却自己来了。

12 月的天气比较冷，女客们贪图暖和，都等到下午太阳强烈一点的时候到河边洗衣服。其中有个刚结婚的女客，十八九岁，长得有几分姿色。聂仕光中午又不知在哪家喝了两杯，心里发骚，就到处溜达，最后溜达到了河边。一眼瞧见这女客，挺喜欢，借着酒劲，不管什么场合，也不管这女客同意不同意，上去搂住就亲，还脱人家女客衣服。这女客哪见过这个，吓坏了，一使劲把聂仕光掀到河里，衣服也不敢洗了，提起竹篮子就往家跑。

聂仕光河水一浸，酒醒了一半，火了，跳上岸就追。正好被聂凤来看见，拦下了。聂凤来对聂仕光说：“聂中队长，恭贺你升任中队长，老哥向你贺喜了！”

聂仕光浑身湿淋淋的，气哼哼的不说话，一个劲地喘粗气。

聂凤来看了看那惊慌远去的女客，又看了看聂仕光，又哈哈一笑道：“三条腿的蛤蟆不好找，两只脚的鸡到处是。聂中队长，何必跟一个女客较真，万一是哪个宗族里人的媳妇，那就是猪肚子蒙面——见不得人了。不就是个女客吗？包在我身上了。聂中队长你仪表堂堂，又刚升了官得了赏钱，要什么样的女客没有？”

一句话，把聂仕光的火气去了一半。

聂凤来又说：“来来来，消消气，晚上我做东，给你贺喜，庆祝你升任中队长，也显得我们聂家有人啊。”

三劝两劝，把聂仕光劝进了酒楼，让店老板找了一身干净衣服给聂仕光换上。然后又让店老板跑他家一趟，告诉他家女客，他晚饭就不回去吃了，在街上请聂中队长吃饭，给聂中队长贺喜。

这也是与张瑛姑三人商量好了的，三个人正等得心里没有底呢，得了这个信，噌的一下就上劲了。特别是张瑛姑，那眼珠子都红了，恨不得立刻就宰了聂仕光，为叶山英报仇。

晚上聂仕光又喝了不少，聂凤来尽挑好菜上，一个劲地敬酒。最后聂凤来看看差不多了，就说要送送聂仕光回去。聂仕光说：“不用，我自己能走。”就歪歪扭扭、一步三摇地往家里走。

张瑛姑三人，不远不近地在后面跟着。

聂仕光到了家里，刚一打开门，好个张瑛姑，快走两步，赶上去飞起一脚把聂仕光踹入院中。裴廷宽、郑心德随后跟进，反手把门关上。

聂仕光酒还没醒呢，趴在地上半天爬不起来，嘴里叽叽咕咕骂着人。裴廷宽赶上一步踏住他的后背，一铁锏打下去，聂仕光便不再动弹。张瑛姑从腰中掏出把杀猪刀，一刀下去，聂仕光的人头便提在手里了。

张瑛姑踢了踢聂仕光的尸体，又在尸体上擦干净了刀上的血，才感觉胸中这口恶气出了不少。然后解下腰带，把人头裹了，背在背上，趁着天黑，几个人离开富林，回到董源。

叶山英墓前，张瑛姑把那颗人头往墓前一扔，眼泪又流了出来。她对着叶山英的墓拜了两拜，说："山英姐，祸害你的人已经杀了，你的仇我已经报了，但是你却永远回不来了。今天我就要拜别你而去，等革命胜利了，我再来祭奠你。"便又哭一回，郑心德、裴廷宽好说歹说才把她劝住，然后一起返回葛毛坞。

却说富林村里，第二天就乱了套。几个马刀队队员在队部等聂仕光，左等不来，右等不来，便去他家里叫他。

一推开门，发现聂仕光反趴在地上，头却没有了，满地是血，便大喊着"杀人了！杀人了！"

不一会儿，聂仕俊来了，带人查看一番，看看聂仕光家里有没有丢什么东西。一查，独独少了一颗人头，心中便明白了几分。心想这是报仇来了，共产党里面还真有能人，神不知鬼不觉地，就把人杀了，那要是来取他的项上人头，怕也不是什么难事。便伸手摸了摸自己的脖子，脸色十分难看。

聂仕光一死，马刀队队员也老实了不少。心中暗想，以后还是少做恶事少作孽，要不真不知道什么时候就轮到自己没有了人头。

富林老百姓高兴了，说："有钱莫傍钱势，有人莫傍人势。人是三节草，指不定哪节好。夜路走多了，终会碰到鬼，恶事做多了，肯定有报应。"聂仕俊心中恼怒，却也不能制止。

第二十章　两支驳壳枪

1928 年 12 月的一天，葛毛坞的水碓房里坐满了人。

从贵溪学习回来的裴雄太、乐思恭等人和新增派来的邵伯平、黄启明、丁冬祥在开会。刚刚除掉了聂仕光，对附近的地主豪绅反动势力是一个极大的震慑。那些平时看见裴雄太、乐思恭等人就躲开的群众，此时也不再躲开，会主动地上前打招呼，聊天递烟，说上那么几句以前不敢说的话。人势日众，就感觉慢慢地恢复了往日的气象。大家一致认为，不如干脆在坞头村率先把农民协会的牌子正式挂起来，这对四乡八村的革命工作将是一个大大的鼓舞和提升。

这一帮原来只会伐木造纸的粗汉，经过江坪的学习锤炼，眼界自是大大地开阔，那口气，那神态，也俨然有了做大事的派头。

会议结束，看着人们一个个摩拳擦掌，精神饱满，热情高涨，张瑛姑的心情也渐渐好转，她整理了一下衣服，紧了紧腰带，准备起身离开。乐思恭叫住了她，递给她一个黑色的包袱，鼓鼓囊囊的，挺沉。

张瑛姑疑惑地看着乐思恭道：“这个是什么？”

乐思恭笑眯眯地说：“你打开看看。”

包袱呈四方形，一层一层的，总共包了三层，非常严实。待到三层全部打开，两把铮亮铮亮的驳壳枪赫然出现在眼前。还有两个已经压好了子弹的弹夹，蓝莹莹地闪着光。

张瑛姑欢呼一声，抓起驳壳枪，熟练地装上弹夹，一转身啪的就是一枪，子弹从乐思恭头顶飞过去，远处有一棵火红的柿子树，一颗红彤彤的柿子应声而落。

抓枪、上弹夹、子弹上膛、打开保险、转身、瞄准、开枪，这几个动作一气呵成，其速度之快，令人惊叹。张瑛姑一枪打毕，英姿飒爽地把枪往腰中一插，睁着一双月牙似的眼睛，调皮地看着乐思恭。

乐思恭傻了，怎么也没有想到，张瑛姑对枪支如此熟悉，枪法如此精准。

张瑛姑笑嘻嘻地一推乐思恭：“没吓傻吧，见着我哥了？”

乐思恭想逗一逗张瑛姑。

张瑛姑一连问了几遍，乐思恭就是不说话，张嘴瞪眼地看着张瑛姑。

张瑛姑倒真有点慌了，把手在乐思恭眼前摇了摇，又扯了扯乐思恭的耳朵，然后过去翻乐思恭的眼皮，一边翻还一边说：“不至于吧，你祖宗乐和可是梁山好汉，你还是不是他的后代啊？”

正说着，乐思恭猛地大吼一声，张瑛姑完全没有防备，一声尖叫，扑进乐思恭怀里。待到乐思恭把她推开，扶正，张瑛姑已满脸通红。

这回乐思恭得意了，说：“站好了，大姑娘家家，动手动脚的，让人笑话。”

张瑛姑娇嗔一句：“不要脸，得了便宜还卖乖，早知道你这么坏，我就直接一枪让你脑袋开花。”

乐思恭哈哈一笑说：“临来时你哥有交代，如果你乱用枪，就让我收回。我看现在就应该收回了。”

这两把枪本就是张瑛姑的，当初张德善知道妹妹性格直爽，疾恶如仇，怕张瑛姑惹事，没让她带来。这次听说张瑛姑在富林手刃了聂仕光，有点后怕。虽说张瑛姑有武艺在身，身边还有裴廷宽和郑心德，但毕竟是个女孩子，万一碰上个高手，气力不济，岂不害了妹妹。考虑再三，还是让乐思恭捎来给她做防身之用。再说，现在也到了舞刀动枪的时候了。

张瑛姑双手用力一推，把乐思恭推落溪水，拔腿就跑，说：“来不及了，出了你的手，进了我的门，你还能要回去？”咯咯的笑声撒了一路。

乐思恭狼狈地从溪水里爬起来，张瑛姑已然没了踪影。

驳壳枪又名镜面匣子、二十响、快慢机、大肚匣子，德国制造。土地革命时期，共产党领导的工人农民暴动，如果没有起义过来的军队参加，基本上是没有像样的枪支弹药的。都是些鸟铳、大刀、梭镖，像驳壳枪这样杀伤力极强的武器，几乎是没有的。

张瑛姑这两支驳壳枪却是大有来头。

万年南溪禅岭峰有一伙占山为王的土匪，领头的名叫虞龙太，乃南乡本地人氏。虞家几代贫寒，男的给富家做长工佃户，女的给财主当婆子奶娘。虞龙太的父母为人忠厚，因贫病交加过早地撒手人寰。虞龙太是长子，个子大，力气大，食量也大。下面有一个弟弟两个妹妹，生活的重轭早早地勒入他的肩胛。虞龙太家里穷得四面漏风，兄妹四人石条为枕，以稻草为褥，常常是吃了上顿没下顿。为了养活弟弟妹妹，虞龙太十七岁时就开始跟随大人推土车往石头街贩运粮食，一车就是五百多斤。从南乡到石头街往返七八十里路，别人是一推一拉双人轮替，虞龙太单人独车，肩不离襻，日赶夜撵，总比别人提前到家。

1925 年，他被有钱人家雇去代子从军，路上跟了北伐军。1926 年北伐军打到南昌时，他已经是一个连长了。1927 年蒋介石叛变革命，他身边几个要好的朋友被当作共产党杀了头。虞龙太一想这样下去不行，自己迟早不是被当作共产党杀了就是做了炮灰，就想着把队伍拉出去自己干。他把想法跟几个得力的弟兄一商量，大家都愿意跟着他干。但是怎么干，去哪里立脚安身，却一时没有想好，就这样犹犹豫豫地拖了一两个月。

常言说得好，世上没有不透风的墙。有人就把这事透露给了国民党五十五师三二五团一营营长梅凤书，梅凤书就带人把他抓了起来。因为爱惜虞龙太平时打仗勇敢，舍不得杀他，把他关了几天，严加审讯。

虞龙太矢口否认，说：“我跟着营长升官发财，营长对我不薄，我怎么可能把部队拉出去？”

梅凤书也觉得不太可能，本来就没有要杀他的意思，只是有人告上来了，他又不能不做做样子，于是就把虞龙太放了。放是放了，为了杀鸡儆猴，同时也是为了警告其他人，梅凤书杀了虞龙太手下两个班长。

就是这个梅凤书，后来升任国民党三二五团团长，长期驻兵万年，屡次“围剿”进犯万年苏维埃根据地，诱俘农民革命团团长徐柏顺，对万年人民犯下了滔天罪行。

虞龙太死里逃生，惊恐不已，感觉自己是阎王殿上走一遭，捡了一条命。他知道这事瞒不了多久，迟早还得暴露。于是不敢久留，便收拾了一些武器弹药，带着五十多名铁杆心腹，连夜跑回老家南溪。在村里老人的指点下，带着一弟两妹上了禅岭峰，当起了山大王。

禅岭峰属于怀玉山支脉，上接新狮岭，处于万年、贵溪、余江三县交界处，是三不管地带。在山峰东南脚下余江境内，有一个张家村（现在归属余干县），与贵溪的三板桥接壤，是张瑛姑老家的村子，西南山脚下是贵溪管辖区的蒋家村，山北是万年的射林村。

虞龙太上了禅岭峰以后，便召集大家伙儿训话，说：“‘好狗护三邻，好汉护三村’，又道是‘兔子不吃窝边草’，我们要做就做个义匪，我们要劫就去官道劫大户人家，劫官府。”随即宣布了“十不抢”：一是婚喜丧葬不抢，二是邮差不抢，三是摆渡的不抢，四是背包行医的不抢，五是耍钱、赌博的不抢，六是挑八股绳的不抢，七是旅社小店不抢，八是僧侣、道人、尼姑不抢，九是鳏寡孤老不抢，十是单身的夜行人不抢。

在此之前，在贵溪、弋阳、万年、余江这相邻四县，只有两股武装势力。一股是国民党的正规部队，武器精良，兵员庞大，给养充足，还有地方民团作为协助，占据着各大城镇和大一点的乡村。一股是方志敏领导的弋横暴动的农民武装，武器落后，给养困难，常在偏远山区打打游击。

虞龙太占据禅岭峰以后，算是第三股武装势力，比国民党不足，比共产党有余，武器弹药也充足，便大肆地招兵买马，很快地就发展到两三百人。有了人和枪，有了地盘，腰也粗了，胆子也壮了，便重新打起国民党军队的旗号。只是国民党不承认他，还时时想吃掉他；共产党不理他，日日提防他。

虞龙太很明白自己的处境，知道国民党也好，共产党也好，自己都惹不起。共产党虽然目前势力不大，但能得到老百姓拥护，将来一定能成气候。自己现在就是在夹缝中生存，怕有朝一日，运气不顺，走了下坡路，兵败身亡，老虞家可就断了后。他时时想寻一房压寨夫人，生个一男半女，不至于断了香火，也就对得起祖宗了。便交代部下留意，若发现有好女子，定要将她弄上山来。

忽一日，喽啰来报，说西山脚下蒋家村有一女子，长得十分俊俏，今日出嫁，嫁与东山脚下张家村，等会要从此路过。虞龙太没有多想，便吩咐先劫上山来。如果女客真是长得俊俏，他就上女家求婚，让女方断了张家的婚事，把女客嫁给他。说盗亦有道，虽然是抢来的，礼数却不能少。如果长得一般，就还给张家。这是虞龙太土匪生涯中唯一的一次抢劫平民百姓。后来虞龙太参加了革命，却为这次抢劫付出了非常大的代价。

把女客抢上山以后，虞龙太一看，还真是漂亮，当时就中意，便亲自拿了五百块大洋，下山跑到蒋家，丢下一句话："把女儿转嫁给我，今晚就成亲。"

蒋家捧着五百大洋，接又不行，拒又不敢，左右为难，哭笑不得。便让人带着五百大洋去张家，说："嫁出去的女儿泼出去的水，我家女子已经清清白白地出了我蒋家门，就是你张家人。你们弄丢了是你们张家没本事，丢的是你张家的脸，跟我们蒋家不搭界。现在土匪丢下五百大洋，你张家要人要钱随便你们。要人，上山找土匪理论去；要钱，五百大洋全在这，我蒋家分文没动。"

这下张家村轰动了，这是整个村子的耻辱，特别是那些年轻的作作子后生（青皮后生），一个个撸胳膊挽袖子，就要上山找土匪拼命去。一些老成的长者，就赶紧压制着，说："即便上山抢人，也要商量妥帖，胡乱上山，是嫌命活得长呢。土匪有枪，还怕你人多？"于是，就找张德善商量对策。

傍晚时分，被抢的女客却回来了。不仅回来了，还有土匪的武装护送。土匪把新人送到，说了一句"对不住亲家们了，那五百块大洋算是补偿与贺仪"，便一个呼哨全走了。

人们面面相觑，搞不清东斗（搞不清楚什么情况）。待到入席吃饭，一查点，张德善才发现张瑛姑不见了。

这下村子更乱了。

第二十一章　张瑛姑拜堂

张瑛姑此时正在禅岭峰。

禅岭峰大佛寺内张灯结彩，热闹非凡。

虞龙太坐在大佛寺的大殿内，喜气洋洋，满面红光，接受喽啰们的祝贺。他的两个妹妹跑上跑下，忙着布置洞房。

正高兴着，突然两个喽啰相互扶持着，一瘸一拐地进了大殿，大叫道："老大，不好了，有人闯山门了。"

虞龙太腾地一下站起来，问道："是张家来抢人了？来了多少人？"

这两个喽啰鼻青脸肿，有一个门牙还掉了，哭丧着脸说："就来了一个人。"

虞龙太支的一下又坐了回去，说道："叫花子门前还有三尺硬土呢！我们是土匪，天天打别人的，今天在家门口却被人打了，你掉了门牙活该。我倒要看看，是什么样的英雄好汉，吃了老虎胆敢来禅岭峰打人。"

掉门牙的喽啰说："来的是个女的，看样子还不到二十岁呢。"

话音刚落，大殿门口的两个喽啰又被人踢翻进来。虞龙太站起来揉揉眼睛，嘴巴张成O形。

只见门口站着一个女子，也就十八九岁年纪，乌黑乌黑的粗大辫子盘在头上，白里透红的脸蛋，穿一件蓝底碎白花边的斜襟褂子，蓝色蜡染的土布裤子，腰中扎一根灰白色的土布腰带，千层底的绣花鞋，鞋头上稳稳当当地缀绣着一朵红艳艳的小花。个头不高不矮，脸上笑中带威，月牙似的眼睛清纯得让你不敢直视。

“姑娘好身手，虞某有幸得见，佩服佩服！”虞龙太本想给来人一个下马威，话一出口却气势立消，软绵绵的没有力道。

张瑛姑却不接他话茬，左手叉腰，右手一指虞龙太道：“你就是那个号称义匪的虞龙太虞老大吗？”

此话一出，虞龙太脸上有些挂不住。他当初上禅岭峰曾经说过要做义匪，还宣布了“十不抢”规定，里面第一条就是“婚喜丧葬不抢”。今日此女子开口就提“义匪”二字，分明是要拿他的短。

虞龙太心虚气短地答道：“我今天迎娶新人，是下了聘礼的。”

张瑛姑哈哈一笑，说：“你要下聘礼就该在人家做嫜崽未出嫁之时，现在新人已经被张家抬出了蒋家门，就是张家的女客，你怎能下聘礼娶人家女客？你这不是仗势欺人吗？亏你还敢号称义匪！”

在赣东北这一大片地方，对于女人有几种称呼。尚未出嫁的叫嫜崽或者妹子，出嫁以后的叫麻麻子，在男方家里叫女客或者堂客。

虞龙太到底还是讲点仁义的土匪，满脸愧色地说道：“我现在抢也抢了，人也留下了，那你说怎么办？”

张瑛姑道：“趁现在天还没黑，把人放了，让人家高高兴兴办喜事，时间长了说不清楚，就毁了人家的清白。”

虞龙太说道：“你说得轻巧，我这里什么都准备好了，就等着拜堂了，放了她，我怎么办？我看你还是走吧。你一葱白水嫩的小妹子，落在我这男人堆里，时间长了，我可保不了你的清白。”

张瑛姑哈哈一笑道：“我可走不得，我走了，你怎么拜堂成婚呢？至于我的清白，还用不着你操心，就你这些烂兵烂将还奈何不得我。”

一句话惹恼了众土匪，要不是碍于虞龙太在场，有几个就要扑上去。

虞龙太摆摆手，不解地问道：“你这话什么意思？”

张瑛姑说道：“不就是个压寨夫人吗？你放了新人，我跟你拜堂成亲如何？这样既不影响人家办喜事，又能保全你义匪的名声。”

听了张瑛姑的这番话，众喽啰齐声喝彩，都觉得这是个好主意。有那胆大的就故意插荤话，说：“小妹子你这主意好是好，就怕你是匹烈马，我家寨主腿短跨不上去，跨上去了怕也压不住你。”有的瞧见张瑛姑的大脚了，就说：“小妹子，你是不是脚大没人要嫁不出去，自个儿给我们老大送上门来了？”

张瑛姑便踢了踢脚，说道：“是啊是啊，我脚大嫁不出去，你要不要尝尝这大脚的滋味啊？”

虞龙太也觉得这个主意不错。这小妹子比抢来的新人可是漂亮多了，只是摸不清楚这小妹子的来历。现在才想起来，得先问问这小妹子叫什么，这事跟她有什么关系。

张瑛姑说：“跟我有关系啊，我叫张瑛姑，就是这张家村的。你抢的这女子是我家亲戚娶的新人。”

虞龙太说："我可以放了这抢来的女子，但你说话算数吗？不要我这边一放人，你那边又跑了，那我可就辣地辣，两头踏（两头落空），是个大笑话了。"

张瑛姑说道："往哪儿跑啊，跑得了和尚跑不了庙，我这一跑，你还不得拿我张家村出气啊。"

虞龙太挥挥手，说："知道就好，还是古人说得好啊，'有福之人不用忙'，我这是放走一只花母鸡，飞来一只金孔雀，值了。"便让人赶紧去放人。

张瑛姑说："光放人还不行，你还得派人护送，这要是在半路上被别人劫走了，这责任还得你负，名声还得你驮。"

虞龙太想想有道理，就说："好，我好人做到底，干脆我那五百块大洋的聘礼也不要了，算是贺仪吧。"然后就派了一个班的喽啰，把抢来的新人送回张家村。

等到送人的喽啰回来禀报，说人送到了，没耽误人家办喜事。虞龙太就用眼睛瞧着张瑛姑，那意思：现在看你的了。

张瑛姑拍拍手，拉了拉衣服，站起来对虞龙太说："你别坐着了，咱俩拜堂吧。"

喽啰们就嗷嗷叫着，大姑娘自个儿把自个儿嫁了，还嫁一土匪，这新鲜事在戏文里听过，生活中还没有真的遇上过，就等着看热闹喝喜酒。

拜完堂，要入洞房了，张瑛姑却摆摆手说："慢着，我这有三个条件，你得答应。答应了这三个条件，咱们刚才拜的是夫妻堂；答应不了这三个条件，咱俩拜的就是结义堂。"

一句话，土匪们炸了窝，大家都很好奇，这堂都拜了，却不能入洞房。七嘴八舌，说什么的都有。

虞龙太倒也爽快，说道："什么条件？你摆来听听。合理，咱听；不合理，咱不听。"

张瑛姑说："也没有什么不合理的，就是你要做我男人，咱得过过招，看你够不够资格。三盘两胜，赢了我，我是你的女客；输了，我就回张家村了。我的男人连我都打不过，我不能嫁给他，他也不配娶我。"

众喽啰跟着起哄叫好道："好，老大，骑的就是这样的烈马。"

虞龙太便说道："你是女客，你划道吧，第一场比什么？"

张瑛姑说："那就先比拳脚吧。"

不用说，第一场虞龙太就输了。原因有两个：第一，他不会武功，只有一身蛮力。他在部队的那套刺杀格斗，用在两军相杀时还可以，真碰上江湖人士、武林高手不起作用。第二，他舍不得用全力，担心自己这开山裂石的拳头打到张瑛姑身上，把她打废了。殊不知张瑛姑自小习武，功底深厚，身体极其灵活。几个回合下来，虞龙太便趴地几次。

第二场比兵器，虞龙太说道："刀枪无眼，伤了谁都不好，我们比准头吧。"便让小喽啰挂上几个酒坛子，他抽出双枪，啪啪啪，弹无虚发，酒坛子全碎了。虞龙太打完，吹了吹还在冒烟的双枪，得意地看着张瑛姑。

张瑛姑赞了句"好枪法，"接过双枪，左看右看，爱不释手。然后把枪还给虞龙太，说："我不会打枪，这一局算你赢了。"虞龙太说：“那不行，我一个大男人怎么能要你让？我看你身上带着飞镖，就用飞镖吧。”

张瑛姑便不再推辞，一扬手，几只飞镖出去，那些吊酒坛子的绳子中间断裂，酒坛子碎了一地。这一局，打了个平手。

第三局，虞龙太却不愿比了。说即使自己赢了，也是个平局，张瑛姑还是不能嫁给他。他算是看出来了，张瑛姑是个奇女子，心气高，嫁给他也管不住，就认个结义兄妹吧。于是他递过双枪，说是给新结义的妹妹的见面礼，一定要张瑛姑收下，并教会了张瑛姑打枪。

后来，方志敏组建工农红军第十军，想起了这支武装，就让张瑛姑利用这层关系，和乐思恭一起，把虞龙太收编了。

第二十二章　黎明前的风暴

1929 年 2 月的一天，距离农历过新年只有几天了。

那天天有点阴，傍晚的时候，沸沸扬扬地下起了大雪，把新狮岭及周边山区村庄的沟沟峁峁盖了个严严实实。有钱的人家在杀猪宰鸡准备年关物资，没钱的穷户也在盘算着如何过上一个能吃上饭的新年。

此时，作为赣东北地区革命火种的传播者方志敏，作为赣东北地区苏维埃政权的缔造者方志敏，他虽然已经见过不少这样的大雪，见过很多这样被大雪覆盖的大地，然而，当大雪如风卷鹅毛似的落下来的时候，当积雪笼罩了所有山峰山脊时，他还是被眼前雄伟的气势和美丽景致所震撼。

如今，在以坞头、葛毛坞为中心的十几个村子，“上名字”运动开展得红红火火，发展了四个党支部，并相继公开成立了农民协会，万年人民的革命热情迅速被点燃。为了巩固和扩大革命成果，根据已经召开的贵余万中心县委的会议决议，方志敏决定在万年坞头与贵溪三板桥之间的荷树岭开个特殊会议，成立中共万年秘密特区，组成了以黄启明为区委书记，以乐思恭、裴雄太、裴廷标、张瑛姑等十多人为委员的骨干组织，革命的风暴即将席卷这里。

现在，会议结束了，他站在荷树岭上，远眺周围银装素裹的大大小小的山峰，情不自禁地发出了一句满含深情的赞叹：“可爱的中国！可爱的万年人民！”1949年以后，《可爱的中国》进入了学校、机关、城镇、乡村，成了所有中国人最喜欢诵读的经典名文。

这时，不知从何处飘来了一阵山歌声。这山歌用的是那种撩拨人心的小曲调调唱的——

油菜花黄花开一条心咯
山沟里那个就来了舍方呀志敏
方志敏呐骑白马真英明咯
领导咱穷苦农民舍就闹革命咯
分田分地啊从来哟没有滴个事嘞
从今后那个革命舍就不变心咯

这支山歌是近半年悄悄传开来的，谁也不知道是何人何时从何处开始。也许是水沟边，也许是稻田里，也许是山头上。它虽然不像北方信天游那样高亢嘹亮，却有着江南水乡独有的柔软温情。歌声在这个雪花漫天飞舞的旷野回响，更显得亲切感人。

4月29日，根据贵余万中心县委指示，决定抽调裴雄太、乐思恭、裴廷标、张瑛姑、徐柏顺等人参加贵溪周坊起义，为以后万年的武装暴动积累经验，培养骨干。

裴雄太、乐思恭、裴廷标、张瑛姑、徐柏顺等人回来以后，立即和新派来的邵伯平、黄启明、丁冬祥等人商量，决定根据方志敏指示，组织以坞头为中心的五村暴动，并立即成立农民革命团、少先队、赤卫队等革命组织，并准备了梭镖、大刀、鸟铳等暴动武器。农民革命团封锁了村内村外进出的所有道路，烧毁了财主佬的田契借据，在村头村尾张贴各种标语，“贫苦农民起来参加革命”“打倒土豪劣绅”，等等。一切都在有条不紊地进行。

这时，参加农会不久的裴润元被选为农民革命团团长。

山雨欲来风满楼，于无声处听惊雷。

6 月 21 日，裴家祠堂内，红旗飘拂，气氛热闹。聚会人员，个个青帕裹头，用红布拢袖。有的提着大刀，有的端着梭镖，有的扛着鸟铳，脸上洋溢着兴奋、激动、渴望。

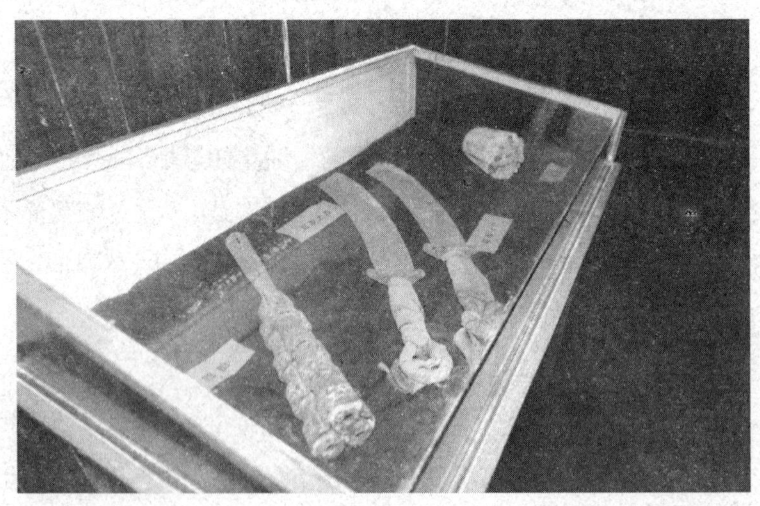

红军大刀

根据方志敏指示，中共万年秘密特区准备在6月25日，举行坞头、董源肖家、乐家、周家、叶家店五村联合暴动，区委书记黄启明在做暴动前的准备工作。

根据以往弋横暴动和周坊起义的经验，在暴动前两天，抽调富林的聂凤来、松岗岭的吴宽林、裴梅的程醉宜和雅岗的叶普金等人员前来参加暴动，为以后这些地方的暴动工作储备力量，培养骨干。

黄启明步入祠堂人群当中，高声说："农友们，天就要亮了！过几天我们就要正式举行暴动了，让地主老财们颤抖吧！"

人群中一起欢呼，刀枪齐举，雪亮耀眼。

随着黄启明一次次的宣告，人们不停地跳跃欢呼，发出震天动地的声浪。

谁也没有注意，这时，一个不起眼的角落里有一双阴险的眼睛在仇视着他们，嘴里不时发出恶毒的冷笑。

坞头村一夜之间成立了农会，把农会的牌子挂到裴家祠堂门口，这是裴灯辉始料不及的。而后，又成立了农民革命团、赤卫队、少先队、妇委会等革命组织，分掉了裴灯辉家财产，平债平租，收缴烧毁了他的田契借据，勒令裴灯辉不经允许不得出家门，不得离开村子。他心里虽然愤怒，表面上却老老实实，满脸堆笑，对农会的所有规定都表示接受，并主动献出了自己的家产。他的这些伪装，使村民们对他放松了警惕。有的则认为，都是一个祖宗下来的，没有必要关系搞得太僵，甚至对他产生了同情，帮他说话，允许他在村里自由出入。 但是人们忘记了这个裴氏祠堂，裴灯辉最熟悉。谁也不曾想到祠堂里还有个暗室，更不会想到，这个暗室内有条暗道直通村外。

深夜，人们散去，裴灯辉带着儿子裴廷富、打手裴维林，快速地爬出暗道，看看左右无人，然后一猫身，像几个鬼影似的，消失在黑暗中。

这本是个满天繁星的晚上，下半夜突然乌云密布，电闪雷鸣，风声大作，却迟迟不下雨。用当地人话说，干打雷不下雨，大风刮得像老虎叫，这是要有不祥之事。

徐柏顺、叶新倌、郑春水等人已分别被派往黄墩徐家、松岗岭、美坝、港下等地，通知吴宽林、叶普金等人前来参加暴动，邵花香则回到了董源肖家村。

天快要亮的时候，乐思恭在跟大家道别，他被派往富林联系聂凤来。祠堂里只剩下黄启明、邵伯平、丁冬祥、裴雄太、张瑛姑、乐思恭的父亲乐富才。他们是这次暴动的中心人物，强烈的责任感使他们不敢有丝毫的懈怠，几个人几乎彻夜未眠，商讨着每一个有可能出现的情况，要确保暴动万无一失。

张瑛姑觉得祠堂里有点闷热，心里隐隐有点不踏实，总觉得有什么事情要发生，这是从来没有过的感觉。

她走出祠堂，站在大风中，解开辫子，然后张开双手，仰视苍穹。风中飘起的长发，使她看起来有一种超凡脱俗的美丽。

风突然小了，乌云却没有散开。在风里站了一会儿，她感觉有点轻松了，便重新盘好辫子。这一刻，她觉得这世道真的要变了，山变得清秀了，水变得更清了，土地变得多情，变得更有希望更有生机。改变这一切的，就像《国际歌》唱的那样，不是什么神仙皇帝，而是这群祖祖辈辈生活在大山里的农民、药民、山民。这是很难让人相信的，却是叫人心为之向往、热血为之沸腾的。

这段时间，她参与了几乎所有酝酿坞头暴动的重大会议和活动。当然，她只是个小角色，所以在万年后来的党史资料中，很少提及她的名字。

张瑛姑盘好辫子，正准备重新进入祠堂，突然在半明半暗的晨曦中，在朦朦胧胧的视野里，四面八方出现了大片通红的火把，伴随着无数狂乱的叫嚣："别让他们跑了，抓住一个赏五块大洋。""抓住裴雄太，抓住乐思恭，重重有赏。"火光下隐隐约约的是一张张贪婪而狰狞的脸。

张瑛姑脑袋轰的一下就炸了，她知道这是走漏了消息，只是还弄不清楚来的是什么人，但肯定不是朋友。

想那张瑛姑一身武艺，如今又添了双枪，便如猛虎添翼。如果只是她一个人，二三十人也近她不得，趁着天还没有完全亮，杀他个三进三出也没有人拦得住。只是现在祠堂里还有邵伯平、黄启明、丁冬祥、郑心德、裴雄太、乐富才等十几人，她不能只顾自己一时痛快。

此时已经有两个人举着火把，提着刀，冲了过来。好个张瑛姑，迅速拔出双枪，嘭嘭嘭几声，撂倒了最前面的三个。

大概是敌人也没有想到农会竟然还有枪，哗的一声全趴地上，嘴里还叫着"小心，共匪有带响的家伙"。火把登时灭了，也噼噼啪啪地放起了枪。敌人忌惮张瑛姑枪法准，不敢再往前冲。

枪声一响，惊动了祠堂里面的人，乐富才握着一根梭镖，跟着邵伯平、黄启明、丁冬祥、郑心德等人冲了出来。待看清楚眼前的情况后，乐富才指着祠堂后的雷公岭说："跟我来，沿着这条路，一直跑，跑到山顶，就是弋阳地界了。"然后在前面开路，张瑛姑端着双枪断后，几个人一阵猛跑进了山中。

等进了山，才发现裴雄太、裴世贤、裴炎善等人还没出来，乐富才说声"不好，我得接他们去"，返身冲下了山。

裴雄太此时还在祠堂里烧毁文件，等他烧完，就出不去了。祠堂被敌人包围得严严实实，水泄不通。他便和裴润元、裴世贤、裴炎善，手持木棍、梭镖与冲进来的敌人进行搏斗。但终因寡不敌众，裴世贤、裴炎善当场壮烈牺牲。

乐富才仗着对道路熟悉，三拐两拐就拐进了祠堂。裴雄太与裴润元带着伤正与敌人苦苦拼杀，他们看见乐富才进来，说："你不是冲出去了吗？怎么又回来了？"他们担心其他人还没有冲出去。乐富才怒吼一声，一枪刺倒了一个敌人，说："你们放心，其他人已经安全了。"却不提防一支梭镖从背后捅了过来，鲜血从他嘴里喷涌而出。有两个团丁趁机按住了他。

这时，聂仕俊走了过来，虚情假意地对乐富才说道："富才细啊，一大把年纪了，何必呢。你赶快告诉我，你儿子乐思恭在哪里？我马上给你治伤。"

乐富才呸地一口鲜血吐喷在聂仕俊脸上道："我儿子杀猪去了。他天天出去杀猪，我怎么知道他在哪里。你可要当心点，当心我儿子到时候把你也当猪杀了。"说毕，哈哈大笑。血不断地从他嘴里喷出来。

聂仕俊大怒，猛地夺过一支梭镖，狠狠地刺进乐富才的胸口。

乐富才壮烈牺牲，裴雄太重伤落入敌手，裴润元也被俘。

第二十三章　血染坞头村

乐思恭还没有走出坞头村。

他在祠堂与众人作别后，回到家里拿了把雨伞，找了把柴刀，正准备动身。刚开门就看见门外一片红艳艳的火光，一群人直接就往他家里奔来，领头的正是裴灯辉。不过乐思恭在暗处，裴灯辉打着火把在明处，所以，他们没有看见他。

乐思恭订过娃娃亲，妻子叫聂天香，从小就养在他家里。由于两人从小在一起，乐思恭在心里一直把她当妹妹，至今没有圆房。

这时候，聂天香也惊醒了，快步从她的房间出来，见乐思恭无处可藏，便把他带进自己的房间，指指床下说，赶快钻进去。

聂天香的床是过去民间的一种架子床，也叫棚架床，因床顶有架，故名架子床。这种床一般四根立柱，床面两侧和后面半月有围栏。架子床大多三面设矮围子，正中无围，便于上下，四角有立柱，上承床顶，顶盖四周装楣板，床面两侧和后背装有围栏。围栏常用小木块作榫拼接成各式几何图样，也有的在正面床沿上多安两根立柱，两边各装方形栏板一块。架子床的铺板铺在六根横柱上，正中是上床的门户。床屉分两层，用棕绳和藤皮编织而成，下层为棕屉，上层为藤席，棕屉起保护藤皮和辅助藤席承重的作用。

乐思恭不愿连累聂天香，转身要出去，被聂天香死死拉住。这时外面已经有打门的声音，除了床底下，无处可躲。乐思恭无奈，往地上一躺，滚了进去。他本来就练习过武功，滚进床底后，并不是趴在地上，而是双脚一蹬，两手一抓，使了个壁虎爬墙，反吊在床的六根横柱上，四周两尺多宽的围板将他完全遮挡住。床底下又脏又暗，一股刺鼻的霉味。如果不钻进床底用手电筒照射，根本就发现不了。

聂天香边走边穿衣服，急急地去开门。才走到客堂，大门就哗地被踢开，裴灯辉凶神恶煞般走了进来。火把透亮，后面跟了一大群提着大刀举着梭镖的人，这是富林聂仕俊的马刀队和梭镖队。裴灯辉的儿子裴廷富和打手裴维林各提一柄明晃晃的大刀，站在他的一左一右。

裴灯辉又恢复了往日的神气。自从坞头村成立农会，分了他家的财产，烧毁他家田契地契、债据借据，又限制他的活动自由，他对农会，特别是对裴雄太、乐思恭等几个领头人恨之入骨。这段时间，通过暗道，他也半夜出去过几次，到富林找自己的女婿——民团头子聂仕俊哭诉。

聂仕俊对他这个老丈人还是很不错的，他安慰裴灯辉："先不要急，还没有到时间，等农会的主要骨干聚齐了，到时候把他们一锅端，你先回坞头，不要让别人发现这条暗道。"

直到昨天晚上裴灯辉躲在暗室听完了所有暴动计划以后，觉得机会到了，便带着儿子裴廷富和打手裴维林通过暗道钻到村外，然后翻山越岭连滚带爬向富林奔去。从坞头到富林本就不远，平常也就两个来小时，这次裴灯辉拼了老命，一个多小时就到了。

裴灯辉涕泪横飞，连哭带说地把坞头暴动的所有计划告诉了聂仕俊。

聂仕俊得了这个信，又见老丈人满身泥满身汗的狼狈样，想起几个月前被共产党割了头的聂仕光，心里这个火就腾腾腾地往上升。便当即约了他哥哥聂仕璜，纠结三百多人的马刀队、三百多人的梭镖队、五十来人的长枪队，共计七百多人，倾巢出动，分作五路，杀气腾腾地奔向坞头村。临出发时，他老丈人裴灯辉要求独自带一队，他要亲自去捉拿乐思恭。

乐思恭家里，裴灯辉没理会聂天香，说了声“搜”，这些民团队员便前院后院、东厢房西厢房翻厨倒柜地搜开了，甚至猪栏牛栏鸡窝都搜查了，把乐思恭家翻了个底朝天，弄得鸡飞狗叫。最后他们看了看聂天香的床，便用大刀梭镖在床底乱刺乱削，有几次那个梭镖尖尖和大刀片子就贴着乐思恭的后脑勺儿和屁股蛋子划过去，也没见到乐思恭的影子。

裴灯辉恶狠狠地问聂天香：“乐思恭哪去了？”聂天香答道：“乐思恭长年不着家，我一个小脚女人怎么知道？”

裴灯辉正要继续问话，外面就噼噼啪啪响起了枪声。裴灯辉手一挥，便带着民团队员朝响枪的地方包围过去。

原来这坞头和乐家虽然说是两个村子，其实就是一个村里的东边和西边。

聂天香跑到大门口看了好久，直到着实看不见人了，才急急忙忙关好门。门闩已被踢断，就用长条凳子顶住门，抵实了，才到床前叫乐思恭出来。

乐思恭钻出床底，说了句：“天香，我欠你的债何时能还清？”聂天香递给他一把柴斧，一顶草帽说道：“都什么时候了，还讲这个话。快跑，朝山上跑。”

这个时候，祠堂那边已经烧起大火。冲天的火光映红了刚刚醒来的天空。

乐思恭想起祠堂里的人，想起自己的父亲乐富才，有些不忍心走。聂天香使劲往外推，让他赶快走，说：“再不走，就走不了啦。你要再不走，我也不想活了。”乐思恭揽了揽聂天香的肩头，望着黑暗里冲天的火光，两眼含泪，叫了声“爹呀”，扭头冲入山中。

火是聂仕俊命令民团放的，很多老百姓还在朦朦胧胧当中，房子就被点了，黑烟升腾，火光熊熊。整个坞头村，除裴灯辉兄弟三人的几栋房子外，正在化为灰烬，连裴氏祠堂也没放过。正应了当年风水先生的那句话——“坞头村风水虽好，却犯了火星，将来它的繁荣之期，便是它的毁灭之时”。再看那坞头村的前前后后，黑压压的，被身穿黑色民团服装，手持大刀梭镖或长枪的富林民团塞满了。人头攒动，真不知有多少兵众。

一群一群的村民从各个角落往一处赶，有哭的，有骂的，有咬牙怒目不作声的。裴灯辉父子兄弟及其爪牙们，不时从村民群里拉出人来，只要瞧着是参加了农会的，或者家里有人是农会会员，劈头盖脸就是一刀；或者拽到水塘边，绑上青石条，沉入水里淹死；或者拉到村口的大树下，套上绳子吊死。一时间，哀声遍地，惨不忍睹，坞头村成了人间地狱，遭到了空前的浩劫。

裴雄太双手双脚被反绑着，被民团团丁用一根粗长木头反吊着抬出来，血水从嘴里和各个伤口咕噜咕噜往外冒，滴滴答答流了一地。他只剩下半条命了。

该砍的砍了，该吊的吊了，该沉水里的沉了，聂仕俊把村民集中起来训话，训话里自然有“谁再敢跟共产党在一起，谁再敢参加农会，我就杀他全家！”等诸如此类恐吓的话。恐吓完毕，觉着差不多该撤了，便命令民团队员抬着裴雄太、押着裴润元往回赶。

裴灯辉害怕，要一起同行，聂仕俊横竖不同意，说：“这些个穷鬼还需要有人管着，这是你的地盘，你若不管，就丢给共产党了。”于是聂仕俊又从民团里抽出五十余人、十几条长枪留下，给老丈人壮胆，然后带着大队人马扬长而去。

第二十四章　邵花香脱险

董源肖家村也遭到民团的洗劫。

聂仕俊、聂仕璜的民团分五路包抄坞头村，一路经过董源肖家村。

这天会议一结束，邵花香急速赶回董源肖家村。

自打叶山英牺牲，董源肖家村的工作便冷了许多，一些村民被叶山英的死吓坏了。有史以来，山里人们耳闻的、目见的人的正常死法，要么病死，要么老死；稍微惨一点的，也不过是没饭吃饿死，上山挖药或者扛山摔死；再惨一点，就是抓石鸡时，被蛇咬死。但总能弄个囫囵尸体，从来没有见过这等死法。这等死法，只在戏文里听过。

邵花香心里又痛又急，便闷声不响替代了叶山英的角色。几个月来，成天走东家串西家，访贫问苦，鼓劲打气，工作慢慢又有了起色。后又传来祸害叶山英的凶徒也被人割了首级，且找不到首级的去处，不得已用木头做了个假头安葬。这时，人们才觉得心里舒坦了，说恶人自有恶报，告诫世人不要做那造孽的事情，当心半夜有人踹门。心里也不再害怕，说人一出生，生死就注定了的，这个世道老老实实的也没有活路，不如就跟着共产党干，说不定还真就拼出一条生路来。

要求“上名字”参加农会的人越来越多，却惹恼了一个人，这个人就是邵花香的丈夫肖长有。

肖长有担心自己的女客会跟叶山英一样，被人砍了头，弄残了尸体，就苦口婆心地劝邵花香。见劝不动，就发怒说：“你自革你的命，我带着儿子单过，你是死是活我不管，只是不要牵连了我俩。”便带着儿子住到肖老八的大屋里，再也不跟邵花香来往。

肖老八不是村里的有钱人，但祖上传下一栋大房子，村里人称其为大屋。这个大屋雕梁画栋，极其奢华，传闻有九个客堂，九个天井，近一百间房间，全村人住进去都没问题。肖老八无儿无女，早放出话来，谁住都可以。村里偏偏没人去住，大家说“金窝银窝不如自己的狗窝”，别人有是别人的，不愿意落下个势利的话柄。

深爱自己的丈夫跟自己分开住进了大屋，邵花香很难过，但这样反倒能腾出更多的时间来干农会的事情，慢慢地倒也习惯了。今天开完以坞头为中心举行五村联合暴动的会议，邵花香就急急地赶回董源肖家村，盘算着如何策划响应这一行动。心里想道：咱穷人终于等来这一天了。

正在迷迷糊糊地想着，耳听得外面人喊马嘶，哭声连天。透过窗户，看见外面火光一片。就听有人大声叫道：“别让邵花香跑了，她是共匪首要分子。”邵花香猛地惊醒，也不知道怎么从床上下来的，鞋子也来不及穿，赤着脚，裹着胸兜穿着裤衩就往外跑。刚打开大门，就与冲进来的民团撞了个脸对脸，相互之间有那么几秒钟的愣怔。

邵花香反应极快，见前门出去不了，便打开后门，也不分方向，拣人少的地方就跑。好在她熟悉地形，又加上一双天足，所以跑得特别快。后面的民团也追得紧，他们打着火把，见一个女的，披头散发，穿着裹胸裤衩，光着一双大脚，从邵花香家里出来，就认定是邵花香。

那个时候山里的女人还没有穿过胸罩，晚上睡觉，一般是上身裹上个绣花肚兜，下身穿着个肥大裤衩。这些民团队员，在富林原也是本分的农民粗汉，有的还没讨上女客，没见过女人的身体。忽然之间，一个近似赤裸的年轻女子出现在眼前，长得还好看，他们嗷嗷叫着，向前猛追，前后也就差个十几二十步，而且越来越近。邵花香见追得紧，便钻进了一户人家，跑进灶房，掀开灶前灰坑的盖板，跳了下去，复又拉过盖板盖上。

这是一座十分常见的普通平房，五进四平，土木结构。穿过禾基（院子，即平常晾衣服堆湿柴晒稻谷的地方），跨上台阶，台阶一般是三级，青石砌成。跨完台阶，进入客堂前，有一条六尺来宽的廊道，万年人称其为阶基。过去隔壁邻居吵架，发生纠纷，强势的一方赶入弱势的一方，也只能赶到禾基上，再强势一点，就是站在三级台阶的最底下一层，除非有解不开的血海深仇，打上门去，是绝对不能站在人家的阶基上的。过去讲，“叫花子门前三尺硬土”，说的就是阶基。跨过阶基，就进入客堂。客堂东边的房间叫东卧房，客堂西边的房间叫西卧房。东卧房后面的房间叫中房，西卧房后面的房间叫后房，也是客房。山里人因为敬重米谷神和爱惜粮食，常常将中房改成谷仓。

谷仓榫卯结构，全部由坚硬的粗大原木和厚实坚硬的方块木板组成，上不见天，下不着地，就像一个严严实实的长方形盒子。谷仓与墙壁之间，四周有一条刚刚能容一人走动的夹层通道，为的是上下仓板方便。在谷仓最后面的墙壁上开出一个约六十厘米见方的窗户，留着通风透光用。

这户人家前门后门都开着，可能因为害怕，人早就跑没了。前门通出路,后门通柴屋。柴屋又叫灰屋，是农闲时候放置农具的场所，同时还是关押猪、牛、鸡、鸭和安放茅坑的地方。邵花香跳入灰坑，刚盖上盖板，民团队员就追了进来。邵花香听见头顶上踩在盖板上的脚步声向柴屋那边追去，不一会儿听见柴屋里传来牛哼猪叫，鸡飞鸭跳和砰砰的声音。

过去的山里人家都有灰坑，灰坑里的炭灰根据季节的不同而变换。冬天，因为要烤火，烧的是马柴。马柴就是一根一根手臂粗细的大柴。烧干净了的柴灰一块一块的像煤炭，一时半会儿不会熄灭，便用烤火桶装了，给老人小孩取暖用。春、夏、秋三季因为需要柴木灰沤肥，烧的是毛柴。毛柴就是像芦苇、芭毛一样的细柴或柴草。毛柴容易点燃，烧得火大，烧尽也快，三两下就烧没了。灰坑一般三尺见方，半人多深。

因为是夏天，灰坑里的灰还是热的。邵花香就觉得浑身上下像火灼似的难受，整个人被炭灰淹没，就剩一个头颅露在炭灰上。

民团搜遍了柴屋没见人，就有人大声嚷嚷，说："我看见共匪婆子往客堂后面跑了，柴屋里没有，是不是躲进柴灰坑了？"果然就有声音往灰坑这边折过来。

邵花香刚喘得几口气，听见杂七杂八的脚步声折回来，知道藏不住，灰坑里也确实难受，便一掀盖板，跳了出来，民团队员也恰恰跑到灰坑边上。或许是邵花香命不该死，她跳入灰坑的时候，已经满身是汗，现在全身除了眼睛，被柴灰裹了个严严实实。在团匪们的印象中，追的是一个几乎赤裸的年轻美丽的女子，邵花香这样一掀盖板，冷不丁跳出一个黑咕隆咚的东西来，民团队员吓得哇哇大叫，不自主地往后退，人挤人摔倒好些个，马刀梭镖叮叮当当掉了一地，有的还被掉在地上的马刀割伤了。

趁民团队员大乱，还没有反应过来，邵花香飞快地钻入谷仓，迅速合上仓板。过去的谷仓有点像现在汽车的烤漆房，是山民的房子里最结实最牢固的地方，也是最干燥最闷热的地方，不亚于装满了热柴灰的灰坑。

这种混乱持续了没多长时间，民团队员终于清醒过来，便吆喝着，分成几拨，围了上来。他们不停地用大刀砍，用梭镖从谷仓木板的缝隙里捅进去，希望把邵花香逼出来。后来捅得烦了，便有一团匪说："算了，既然这女子不出来，我们就一把火烧了她。"团匪们嘻嘻哈哈地应和着，说"烧了真可惜！"，纷纷把火把扔进谷仓。

谷仓里温度越来越高，邵花香身上汗如雨下，一些粘在身上的炭灰就随着汗水慢慢脱落。在灰坑时，邵花香身上有些地方被灼伤，此时汗水流经这些伤口，她感到疼痛异常。而团匪们的梭镖大刀尖尖，又不停地在她身边扫来扫去，有几次就差点戳到她身上。邵花香看了看那个通风的小窗户，心想：横竖是死，不如冲出去死在外面，也比在这里等死强。等到众团匪扔火把时，她已经从窗户口翻了出去。

邵花香翻出谷仓，在屋后陡峭的山坡上爬行。这些山坡原本长满了莨萁（一种草本植物，是上好的沤肥柴草）和芭毛，最近被屋主砍过，只露出一点点柴根篼篼。这些柴根篼篼，锋利无比，像一根根尖刺。这时天还不是太亮，看不清楚，邵花香又没穿鞋，光着脚板，每走一下都要当心脚板被刺穿。纵是千万小心，还是被刺了好多次，山坡上留下一路血迹。

邵花香艰难地在山坡上爬着，这时有团匪眼尖发现了她，便号叫着举着火把追了上来。邵花香边爬边手挖脚蹬，石头不时往下滚。眼看着他们就要追上，突然间电闪雷鸣，倾盆大雨瓢泼而下，邵花香精神一振，粘在身上的柴灰被冲洗得干干净净，便加快攀爬的速度。

天降大雨，山道上的红泥被大雨一冲，变得滑腻异常。邵花香光着脚，脚趾紧躬扣紧泥土，攀爬反而稳妥。而团匪们穿的是千层底布鞋，鞋底粘上红泥，比踩在泼了油的黄豆上还滑。一下子，团匪们的优势变成了劣势，邵花香的劣势变成了优势。

这个时候正是黎明前夕，是一天当中最黑暗的时候，匪徒们手中的火把被大雨浇灭，追击速度明显慢了下来，有几个团匪因为要避开邵花香滚落下来的石头，一失足摔下山崖，传来的惨叫声让其他匪徒非常恐惧。因此，众匪徒便长叹道：“生死有命，富贵在天。既然老天不想她死，我们也不要违逆天意。”遂停止了追击。

邵花香捡回了一条命。

第二十五章　古寺大赦庵

大雨稀里哗啦地下个不停。

因为疲乏至极，邵花香躲在一棵大树底下，迷迷糊糊地睡着了。等她醒来时，雨已经停了。她爬上树杈，向山下村子观望。村子里除了被烧毁的房子上飘着一缕一缕的青烟和一两声断断续续的狗吠声，就再也没有其他动静。

这个时候，她才发觉没有穿褂子、裤子。原来被柴灰灼伤的地方，也隐隐地开始疼起来。指甲缝、脚趾头到处是红黄泥巴，脚板上、小腿上是一道一道的血糊糊的口子。浑身上下青一块、紫一块，哪哪都是伤痕。

邵花香不敢大意，决定马上离开。有路的地方是不敢走了，怕遇见人。于是翻山越岭，专门走那些野兽走的路。

天下之大，但现在她不知道何处可以容身，只是听凭两只脚带着她走。

第二日中午时分，她爬上一个山头，只见眼前突兀地出现了一座气象森森的庄院，白墙黑瓦，翘檐飞角。这两天她满眼所见的都是深山荒岭，野物成群，今天打眼瞧见了这么一个好去处，不由得吃了一惊。冒着生命危险，她悄悄地摸过去，接近庄院的时候，只见院子的门牌上，赫然写着：大赦庵。

邵花香长长地出了一口气，一泄劲，人软软地倒了下去。

不一会儿，院门打开，从院子里走出两个青衣青帽的女人。她们看见地上的邵花香，把手里的东西一扔，摸了摸邵花香的额头和胸口，赶紧把她抬了进去。

邵花香无意中闯入的大赦庵，是贵、弋、万三县交界，有着千年历史的古刹名寺。由于邵花香的这段奇缘，后来这古寺一度成为方志敏转战赣东北山区打游击时的军事指挥中心、受伤的红军战士栖息疗养地和制造火药石雷的军工场所。方志敏在这里写下了《建设我们铁的红军》和《逃跑就是死路一条》两篇著名的文章，提出并阐述了“我们要怎样的武装”“苏维埃向何处去”这两个生死攸关的问题，为赣东北地区及其闽浙赣三边的革命斗争指明了方向。

几十年以后，“文化大革命”中，“红卫兵小将”和“革命群众”为了“破除迷信，砸烂封资修，将革命进行到底”，冲进庵内，撕破经幡，砸烂神像，拆除庙宇，一把火把它烧了个干干净净。庵内诸尼，失去了寄生扬善之所，不得已纷纷还俗，重归红尘。千年古寺，没毁于兵燹，却在此时化为灰烬。

据史料记载，大赦庵原名七诏寺，始建于唐光启二年（886）。唐僖宗年间，银青光禄大夫、检校国子祭酒兼御史大夫尚书右仆射刘汾厌恶宦海昏诡，遂辞职，隐居于此。其爱女金姑，天生丽质，素怀皈依潜修之念。后因病致哑，矢志不嫁。刘汾怜其冰洁，决意倾其所有建筑寺庙，伴女修行。经百余名工匠两年多的艰辛营建，于文德元年（888）竣工开寺。期间，唐僖宗七次下书，诏令刘汾复出，均被刘汾婉言谢绝，因名“七诏寺”。景福元年（892），僖宗敬刘汾父女忠孝节慈，又念刘汾剿黄巢屡建奇功，命军士于山顶屯坑良田八百余亩，赦免税赋钱粮，供其父女修行资用。“七诏寺”遂改名“大赦庵”，当地老百姓因刘汾之哑女刘金姑之故，亦称其为“哑姑娘娘庙”。

庵里尼姑把邵花香抬入禅房，为其擦洗身子，更换干净衣服。见邵花香浑身上下，伤痕累累，便念一句“阿弥陀佛”，找来上好的创伤药膏，为其抹上。邵花香的昏倒，其实只是精神紧张、饥饿和劳累所致。邵花香美美地实实地睡了一觉，醒来时，感觉饥肠辘辘。尼姑们见状，便端上野禾碎米粥。邵花香也不客气，接过粥碗三下两下，连喝三碗，方才停住。方要开口致谢，只见一年长尼姑，大约是个住持，以一指压唇道：“施主，我不问你从何处来，亦不问你要向何处去，你也休要言谢，你我相见便是缘分。常言道，‘跳出三界外，不在五行中’。万物随缘，你若想留下，修行礼佛，我便留你；如若不能，我送你衣物干粮和药品，你且自去，只是不要给我庵中惹事。”

邵花香见话说到这个份上，明白此处不好久留。如今世道混乱，人命如蚁，出家之人亦有难处。便在床上福了一福（旧时女子行礼答谢），挣扎着从床上下来。住持已命人准备好了干粮、尼姑的青衣小帽等。临别之时，住持似有不忍，说道：“施主装扮成我寺僧人，路上可多些安全，少些盘查。若前路艰难，可转回来，阿弥陀佛。”

邵花香归心似箭，哪里听得进去这些话，心想，侬会经此一劫，正不知有几人活着，几人牺牲。自己生死不明，想必已让同志们着急万分。便对着古刹寺庙、一众尼姑，长长地作了一揖，然后默默转身，移步前行。

“小暑前三天割不得，小暑后三天割不出。”正值小暑，是万年农民一年中最忙的季节。大自然一改春日的矜持，将生命的丰盈展示给世人。几场暴风暴雨之后，绿色成了世界的主导色。一块一块的稻田也成熟了，那些狼尾巴、狗尾巴一样的谷子，有的昂着头，有的头低垂，等待着农人收割。那黄灿灿的金色，在阳光下闪耀着希望的光芒。

走在山路上，回到了不因时代沧桑、不因人事变更而永远处之泰然的大自然的怀抱，邵花香深深地吸了口气，压抑的心情感到轻松了一点。在飘荡不定的山间云气中，有一种成熟了的庄稼的香味。这香味令邵花香感到亲切，也勾起了她对同志们、对家里亲人的深沉思念。

“太阳公公快下山咯，我打长工实在难咯，一天三餐糙子米饭嘞，一匹腌菜哦恰三餐咯。”在七曲八拐的山坳坳里，一首悲凉无奈的农耕号子响起，这号子使她产生了一种奇异的感觉，仿佛看到了儿时父亲头戴斗笠身披蓑衣的背影。

以前村外的田畈上也常有人唱这样的农耕号子，但她从来没有感觉这么好听。

邵花香索性停下步来，寻一水沟，擦一擦汗，洗一把脸，准备歇歇脚，垫垫肚子。

邵花香坐在水沟边一块金黄的马卵筋石上，打开背上的包袱，拿出饭团、米果，小口地咬起来。因为是夏天，饭团虽然冷了，却依然软软的很可口，她一时还舍不得吃。米果却有点硬了，需细嚼慢咽，否则刺喉咙。

垫饱了肚子，邵花香弯下腰，掬了一捧沟里的泉水喝。感觉有精神了，便收拾包袱，准备离去，却好像听见有人在叫她。

"花香同志，花香同志。"

她立起了耳朵，屏住呼吸，警觉地四处张望。

"花香同志，邵花香同志。"

不错，是有人在叫她的名字，这一次听得很清楚。

邵花香循着声音看过去，在水沟一侧一大片茂密的蛇见怕的绿丛中，躺着一个人。这个人面色苍白得吓人，头发一绺一绺地粘在脸上，全身湿透，有气无力，半躺在沟坎上。

邵花香跳下水沟，抱住那个人，拂开他脸上的头发，认了出来，竟然是大个子邵伯平。

第二十六章　勇救邵伯平

邵伯平，赣东北苏维埃政府主要负责人，中国工农红军第十军创始人之一，中华人民共和国成立后江西省第一任省长邵式平的胞弟。1926 年参加革命，同年冬天加入中国共产党。1928 年年初，参加弋横起义，任第三路指挥。后历任中共弋阳县第七区区委书记、中共弋阳县委副书记、弋阳县赤色警卫团政治委员、赣东北省红军医院政治委员等职。红军北上抗日后，任中共开化特区区委书记。1935 年 3 月，因叛徒告密，在德兴惨遭杀害。

邵伯平在这水沟里，整整躺了近三天。

那天晚上，布置好坞头暴动计划以后，黄启明、邵伯平等人在祠堂被聂仕俊、聂仕璜的民团包围。当时趁敌人还摸不清虚实，张瑛姑手持双枪，杀开一条血路，保护着众人突出包围。

冲出去以后，乐富才一查点，见少了裴雄太、裴润元等人，便头也没回，说一声“你们先走，不要等我，我去接裴雄太他们”，返身杀回坞头。终因寡不敌众，壮烈牺牲。

剩下邵伯平、黄启明八九个人，对坞头周围山势地形不熟悉，没有了乐富才领路，只能是乱冲乱撞。不经意间跟聂仕俊的另外一路民团在山道上相遇。

如果在往常，这个时候已经天亮，但因为那天乌云特别浓厚，雨又欲下不下，所以天还是很黑。

还是如果，如果在今天，如果在空中，我们就可以看到这样的画面：在雷公岭的东南坡和西北坡，有两伙人都行走在雷公岭。在雷公岭的最高处，是一道高高的山脊，一条七八米宽的天然分界线。往东南坡下去，能到万年的坞头村；从西北坡下去，可到万年的富林村；正东，则是弋阳、贵溪、万年三县交界处，后人称之为三县岭。此时，东南坡人少，大概八九个人；西北坡人多，足足有一百五六十人。东南坡是黄启明、邵伯平、张瑛姑他们，西北坡是聂仕俊、聂仕璜的民团。当两伙人几乎是同时出现在雷公岭的分界线时，双方似乎都感觉很意外，谁都不敢乱动。后来，民团当中有人高喊："抓住他们，他们是漏网的共党。"随着一声喊，民团冲了过来。几乎是同时，张瑛姑手疾眼快，举枪就打，当当当，弹无虚发。随着枪声倒下好几个。共产党有枪，这个是民团没有想到的。枪声一响，双方都就地趴下，隔着山脊胡乱放枪。民团人多枪多，大概有十几条长枪，但都是乱放壮胆，没有准头。张瑛姑枪法好，谁敢冒头，一打一个准，对民团是个极大的震慑。其实民团里大多数人都是善良本分的农民，都是随大流或者被胁迫加入的。出来的时候，家里都是千叮咛万嘱托："遇事千万不要冲在前头，不要充英雄耍好汉。""水里淹死的都是会游泳的，酒中醉死的都是酒量大的，出头的椽子先烂。""别人的命是命，自己的命更是命。""别人伤了你不好，你伤了别人也不好，管他共产党国民党，咱老百姓都惹不起。”哪一个的家里不是揣着担心，装着害怕。现在打倒一个，吓倒一片。双方僵持着，你不敢过来，我也不敢过去。

时间一长，张瑛姑几人却急了。现在走不了，等天色大亮，山下的民团听到枪声，前来增援，就更走不了啦。到时候，人傍人势，风壮风势，民团一定会发起冲锋。

正万分焦急之时，忽然听得民团后面开了锅，乱了套。朦朦胧胧中，只见民团队列中，有三个彪形大汉，披头散发，满身是毛，状如鬼怪，手持铁锏、双刀、柴斧三般兵器，大抡大砍，如虎入羊群一般。民团团众一见魂飞魄散，以为冲撞了山神。有的东躲西藏，战战兢兢；有的把兵器扔掉，跪地叩头。

张瑛姑几个见敌阵势大乱，觉得机不可失，于是趁势杀出。邵伯平人高马大，人称邵大个子，勇猛无比，平常三五个人都近他不得。此时一马当先，杀入敌人中心。民团队伍本来就是由普通农民组成，没有什么战斗力，一看情势不对，纷纷溃逃。

张瑛姑把右手短枪插入腰间，从地上捡起一把大砍刀，左手持枪。远了用枪打，近处用刀砍，不一会儿就杀到了三个“怪物”跟前。

她也不知道“怪物”是什么东西，举刀就砍。对方用兵器架住叫道：“别砍，瑛姑，是我。”“怪物”摘下面罩，却是乐思恭、裴廷标、裴廷宽三人。

却说当时，乐思恭听得聂天香相劝，遁入山中，却怎么也放心不下。他不忍心就这样一个人逃走，丢下他亲爱的同志，不忍心丢下他的老父亲，不忍心丢下刚刚开始就受到重大挫折的事业以及坞头村的乡亲们。他想，还是绕过去看看吧。他来了个大迂回，沿着山上的小路绕到裴氏祠堂后的雷公岭，准备悄悄摸下去。

他不知道，如果他此时摸下去，也许就能亲眼看见他的父亲壮烈牺牲，看见裴雄太、裴润元身负重伤被俘。但就在这个时候，他听见附近有厮杀的声音。他想，有厮杀就应该有自己的同志，我不能不管。他弯腰潜行，走到近前，才发现是裴廷标、裴廷宽兄弟遭到十几个民团团众的围杀。裴氏兄弟骁勇异常，可敌人人多势众，双方正处于胶着状态。

乐思恭摸到敌人身后，突然大吼一声，来了个“秋风扫落叶”，一斧头劈倒一个，然后双手一翻，又砍倒一个。

敌人完全没有防备，阵脚大乱。裴廷标、裴廷宽一看有人相助，勇气大增。锏砸刀砍，顿时把敌人杀散。

原来昨夜暴动计划布置完以后，裴廷标、裴廷宽兄弟按照分工，带领一帮人去准备武器，配制火药。半夜时分，突然听见枪声响起，杀声震天，火光映红了整个天空。他们知道不好，就带人往祠堂方向冲去。那里是整个暴动的指挥中心，不能有任何闪失。半路上遇见富林民团，双方就杀在一起。几次冲杀下来，互有死伤。但毕竟民团人多势众，没多久手下兄弟就全部战死，只剩下兄弟二人。裴廷宽眼尖，在远远的火光中，看见乐富才领着张瑛姑、邵伯平等人往雷公岭上撤，猜想是从雷公岭撤往三板桥，那里是红军的天下。就边打边撤，想与张瑛姑几人会合。不想这股敌人凶顽得很，死死地咬住不放，一直追到雷公岭脚下。幸得乐思恭赶到，杀了敌人一个措手不及，才把敌人杀散。

三人相见，还来不及细说，就听见雷公岭上枪声大作。裴廷标、裴廷宽叫声“不好”，猜想定是瑛姑那边碰上聂仕俊的民团了，拔腿就往岭上赶，正碰上双方隔着山脊放枪对射。裴廷标一看民团这么多人，自己两处加一起也不过十几个人，力量悬殊，纵然过去拼命，也不过是以卵击石，多送几条命而已。

乐思恭望了望四周的棕榈树，说：“跟我来，我有办法。”棕榈树，又名唐棕树，树身笔直，其包裹树干的棕榈可织成蓑衣，也可浸润造纸。乐思恭、裴廷标、裴廷宽都是造纸工人出身，经常割剥棕榈，手法熟练，动作相当迅速。

乐思恭让裴廷标、裴廷宽把棕榈一片一片剥下，做成头冠、面具，又一片一片连起来，穿在身上，远远望去，就像传说中浑身长满了毛的高大鬼怪。

三人无声无息地潜行到民团后面，突然跃起，手持三般兵器，辗转腾挪，极其灵活。

有的民团队员还没反应过来，头就开花了，手脚就断了。自古山民都非常迷信，便坚信这几个东西就是老人们口中的蛇精树怪，是不干净的东西，没有几个不害怕的。一人带头逃跑，其他人就一窝蜂似的散了，丢下满地的刀枪衣物。

两处人马合在一起，粗粗地点了一下人数，别人都在，独独少了邵伯平，四处找寻不见。

此时山下喊声又起，民团复聚，一溜火光亮扎扎向山脊压来。

他们知道刚才假扮鬼怪之事已经被民团识破，此地不能久留，几个跺了跺脚，叹了口气，说：“生死有命，就看邵大个子的造化了。”

说罢奔三板桥而去。

邵伯平自弋横暴动以来，一直任军事长官，在红军一线部队带兵。知道打仗就是打个气势，常常是身先士卒带头杀敌。这次短兵相接，他第一个冲出去，状如猛虎。敌人见他来势迅猛，个子又大，便认定他是个领头人物，把他团团围住，不肯放过。厮杀中，他砍倒几个敌人，自己也有几处挂彩，最后大腿被梭镖扎了一枪，后背又砸了一棍，眼前一黑，站立不稳，骨碌碌滚下山坡。要是倒在当场，定被人割了头去领赏。

也不知过了多久，他被雨淋醒，周围已无声息，就知道敌人已退，自己还活着。便检查了一下伤口，足有四处。头上挨了一棍，背后被扎一枪，大腿被扎一枪，最要命的是胸口被划了一刀，若再深些，便就没命了。他静静地歇息了一会儿，试图站起来，奈何手足酸软，没有一点力气。他便在地上慢慢爬行，每爬一步，都非常疼痛，额头上渗出一颗一颗豆大的汗珠，几处伤口不停地冒血。他心想，这样下去可不行，要不了多久血就会流干了。他想起小时候砍柴受伤，用观音土止血的事。这个时候，雨已经停了，便根据经验找到一处土崖崖，用刀撬，用手刨，刨一阵歇一阵，终于刨到白花花的一窝观音土。这观音土除了能消炎，年景不好的时候，穷人还用它当粮食充饥，但吃了以后，常常拉不出大便来。邵伯平用手撮起一小把，塞进嘴里强行咽入腹中。但不敢多吃，感觉身上有点劲了就成。然后一把一把地抓起，抹到自己的伤口上。也不知抹了多少，前胸和大腿上的伤口止住了血，后背上却没有办法抹。便刨出一大堆观音土，对准伤口，手脚朝天地躺在观音土堆上。做完这一切，人已经累得不行，复又迷迷糊糊地睡去。

不知睡了多久，他终于醒了，感觉背上的伤口也不流血了，便扶着一棵小松树慢慢地站了起来。他向四周看了一看，心想，不知道同志们冲出去了没有，他们一定在担心自己。又想，一定要走出去，找到同志们，将革命进行到底，不能让牺牲了的同志白牺牲，不能让烈士的血白流。他摸了摸胸口和大腿上的伤口，感觉已经跟观音土牢牢地粘在一起，结出一层厚厚的硬痂。

邵伯平一步一挪，向着山下的稻田艰难地走去，实在走不动了，就歇息一下。他不能挪得太快，担心伤口出血。实际上他的担心是多余的，因为他已经没有那么大的力气走太快的路了。

好不容易下了山，来到一块稻田旁，他感觉自己最后一丝力气也用尽了。心想，看来走不了啦，那就死在这里吧。自己是个农民出身，从小跟土地打交道，靠土地为生。为了给农民寻找一条活路，找一块真正属于农民的土地，在方志敏和大哥邵式平的引导下走上了革命道路，现在死在这里，死在一块充满了希望的土地上，一块即将丰收的土地上，倒也值了，便挣扎着滚落在稻田旁的水沟里。水沟的坎上长满了蓬蓬勃勃的蛇见怕。他靠在土坎上，茂盛的蛇见怕正好覆盖了他整个身体。他感觉心满意足，便毫无遗憾地闭上眼睛。

再一次醒来，是因为一阵悲凉的农耕号子，也叫长工号子。他很熟悉这个号子，也会唱，贵、弋、余、万交界处的农民都会唱，只是自己唱得更好些。现在听到的这个，少了点弋阳高腔的高亢，多了些凄楚悲凉。他嘴唇动了动，却发不出一点声音。

这时，他感觉有人向水沟边走来。

他努力地睁了睁眼，好像看到个尼姑。可是这个尼姑的脸好熟悉，好像在什么地方见过。他闭上眼睛，休息了一会儿。然后又睁开眼睛，这次正好这个尼姑把帽子摘了下来，在揩脸上的水珠。他一下子认出来了，是邵花香，是他亲爱的同志。

这时邵花香已经休息好了，正收拾东西，准备离开。

人的潜能是如此的神奇，求生的欲望使邵伯平不知从哪里来的力气，他嘴里竟然轻轻地发出了微弱的求救声。

声音确实非常非常小，但邵花香听见了。这也许是在当时那种环境下，自然而然生成的一种警觉，是革命者为保护自己和战友的一种高度警惕。

邵花香把邵伯平半抱半拖地弄到土坎上，给他擦干净伤口上的血和污水，拿出大赦庵住持给她的创伤药给邵伯平抹上。然后又把那个自己舍不得吃的米饭团子掰下半个，放进嘴里先嚼烂了，然后一口一口地喂给邵伯平。

上了药，吃了东西，慢慢地邵伯平身上有了点力气，在邵花香的搀扶下半坐着，断断续续地把自己的经历讲了一遍，然后问邵花香怎么会在这里。

邵花香也把自己的经过说了一下，说到村里的惨状，眼泪便像断了线的珠子。

邵伯平说："邵花香同志，雷公岭离三板桥很近，同志们在雷公岭突围以后，一定会去三板桥，那里驻扎有红军的红七连，是我们的天下。要不你去三板桥吧。"

邵花香说了句“好”，便把包袱绑在肚子上，然后欲扶邵伯平站起来。

邵伯平却摆了摆手说：“花香同志，你自己去吧，我就在这里，等你找到其他同志再一起来救我。”

这大出邵花香意外，谁都明白，要留下来，留在这里，只有一个结局，那就是死。要么病死、饿死，要么被民团发现，要么被人告密，最后还是死。

邵花香不再说话，猛地把邵伯平背到背上。她不可能见死不救，丢下自己的战友独自逃命。

此时的邵花香，自己的前胸后背有很多柴灰灼伤的水泡，虽然在大赦庵涂了药，但并未痊愈。现在背着一个一米八多的彪形大汉，其艰难可想而知。衣服粘着水泡，水泡一破，便露出鲜红的嫩肉，每走一步，邵华香都疼得脚直打战。

就这样走走歇歇，半天的路程竟然整整走了一天一夜。当邵花香背着邵伯平终于到达三板桥的村口时，就再也坚持不住了，二人一起摔倒在路上。不久，被巡哨的乐思恭、张瑛姑发现了。

第二十七章　裴雄太牺牲

“那是个很恐怖很恐怖的夜晚。”

“到处在抓人，到处在杀人，到处在放火烧房子。”

“惨啊，不管老的少的，男的女的，只要有人告发说是参加了农会的，抓过来就把头割了，就像割韭菜。有的全家被割了头，然后扔进一个大坑里。一个坑可以埋几百人，村里这样的坑有两三个。”

说到第一次坞头暴动的失败，后来的坞头人仍然心有余悸，总要以这样的喟叹作为结束语。

“坞头没有了，那个土匪都不敢惹、不敢进村的坞头，一夜之间，说没就没了，以前的风水先生真的是恰嘎（厉害）啊！说坞头犯火星，还真就犯了，一把火烧得干干净净。”

不管现代人是在怎样的心情下发出这样的喟叹，是为坞头曾经的辉煌感到荣耀，还是为曾经的繁华感到可惜，总之，都已经是过去的事情了。那个晚上，坞头村一半的男人死了，坞头村很多的英雄不见了，只留下满村的孤寡妇孺，留下满村的哭声哀号。当然，也留下了大劫过后的希望、种子和对英雄们的思念。

裴雄太就是这许多英雄中的一个。他被抓到富林后，和裴润元分别被关在聂仕俊的阁楼上。在这个阁楼上，他只活了三五天。

头两天他不吃不喝，拒绝任何治疗和进食。劝他投降的人来了一拨又一拨，络绎不绝。聂仕俊请来了所有认识裴雄太的人，其中有很多是他远房的、近支的亲戚。无一例外，他都以沉默和双目紧闭来回答。

第三天，也就是 6 月 23 日，裴雄太从哨兵的口中得知，聂仕俊组织了五百多人的马刀队梭镖队，欲杀个回马枪，再次对坞头及周围的村子进行洗劫屠杀。

裴雄太心里非常着急，他怕坞头及周围村子的老百姓再次蒙受灾难，就想如何把这个情报送出去。自己身负重伤，行动不便，肯定不行，唯一的办法就是让裴润元脱身。

计划是早就想好了，就怕裴润元不同意。于是，他就向聂仕俊提出：要他叛变可以，但必须让他跟裴润元见面谈一谈，他要劝裴润元跟他一起投降。

对于裴雄太的要求，聂仕俊欣然接受。好死不如赖活着，他就不相信，共产党人不怕死，不想升官发财。

事情果然如裴雄太想的一样，裴润元说什么也不同意。他说："如果我这样做了，就是逃兵，就是对党不忠诚。我不能以牺牲同志的生命，来换取自己的活命。"于是，在商量的过程中，他们有过一次激烈的但声音不大的争吵。

最后，裴雄太说："这是党的决定，你必须服从，无论什么人，为了党的事业，可以牺牲一切，包括生命。我裴雄太可以，你裴润元也可以。"

既然是党的命令，是必须要服从的。

争吵骤停，牢房里平静得没有一丝声音。

聂仕俊听说他们发生过争吵，很满意。为了表示自己的大度和对裴雄太、裴润元的信任和器重，聂仕俊甚至把哨兵撤到了十米之外。

之后，裴雄太接受了治疗，甚至还开始进食，吃了一小碗稀饭。饭后，裴雄太对聂仕俊说："我知道有几个农会干部躲在什么地方，要我投降可以，但是要抓到这些人我才投降，我得给你们带点见面礼。"

聂仕俊大喜，说："难得裴兄幡然醒悟，能抓住这些农会干部当然更好。"

裴雄太说："要抓他们其实很容易，只要有人带路就可以。但我现在身上有伤，行动不便，所以刚才我跟农民革命团团长裴润元商量了，他也愿意投降，愿意给你们带路。"

聂仕俊狐疑地说："裴团长真的也愿意投降？愿意给我们带路？"

裴雄太不冷不热地说："那得看是谁劝，你们劝说当然不行，他是我一手发展进来的，我劝他当然听。"又说："你要是不相信就算了，算我没说。"说罢，起身就要回牢房。

聂仕俊慌了，连说："信！信！你们都是头脑活络的人，不可能不要摆在眼前的富贵，非要去送死。"

裴雄太又坐下说："好，既然你们相信我和他，等会儿带路的时候，就不要绑着他。疑人不用，用人不疑。"

聂仕俊不说话，再次狐疑地看着裴雄太。

裴雄太面无表情地说："怎么，你不相信我？我在这里给你做人质，他如果跑了，我还能活命吗？"

这回聂仕俊彻底相信了，说："那好，你裴兄先委屈一下，等他抓了人回来，我就给你换房间，摆酒庆功。"

傍晚时候，聂仕俊的反共团练清剿回来了。不过，这次回来，非但没有抓到一个农会的人，门板上还抬着几个国民党正规部队的死伤士兵。

原来，裴润元跟着聂仕俊的民团出去以后，先去取了几处埋在山洞里的大刀、梭镖、石雷、火药等，完全取得了聂仕俊的信任。而后，趁敌人放松了对自己的警惕，抢到了一杆汉阳造，同时拉响了石雷。而他却凭着对地形的熟悉，迅速地滚下了山坡。

报复是相当残酷的。国民党对共产党的屠杀一向非常凶残，而本地的土豪劣绅对本地共产党人的迫害就显得更为野蛮残忍。相应地，共产党人也就表现得更为壮烈。

为了发泄心中的怒火，第二天一早，聂仕俊把前几天从坞头等几个村里抓来的农会干部又杀了一批。最后，把裴雄太拉出来，脱光他的衣服，分开他的四肢，用铁钉钉在牛车的十字架上，用荆棘藤条狠狠地抽，抽得他遍体鳞伤，皮肉翻卷。尔后，赶着牛车，四处游街。一则，制造恐吓气氛，使老百姓不敢再跟共产党闹革命；二则，引诱裴雄太的战友们来营救，好一网打尽。

游了两天街以后，聂仕俊命令把裴雄太捆绑在村口的老樟树上。这时的折磨，更是让人惨不忍睹。裴雄太浑身上下已没有一处好皮，肉都烂了，黑黑的，发出阵阵腥臭。苍蝇围着他飞来飞去，哄的一声飞了，又哄的一声落下。他的身上爬着白花花的蝇蛆。这些蝇蛆不断地啃噬着裴雄太的皮肉。尤其是有一种牛蝇，山里人叫牛虻，个头大，噬人血肉，叮在水牛身上，都能拉下一块肉来。裴雄太身上的肉，几乎都被啃噬光了，只剩下一副完整的骨架。人却还没有死，还有一口气。他睁着眼睛，眼睫毛一闪一闪的，眼神还特别亮，好像在告诉聂仕俊说，你们可以杀死我的肉体，但杀不死我的信念，你们可以剥夺我的生命，但却打不倒我的思想。

在围观的人群中，有一个人眼睛红红地盯着裴雄太，这个人就是聂凤来。

6月21日晚上，他在家等乐思恭，等待组织上新的指示。没想到，等了整整一晚上，没有等来乐思恭，却等来了聂仕俊带着富林民团血洗坞头、乐家、周家等村子的消息，一大批农会干部也被捆绑着抓到了富林。

“这些狗杂种，他们真的动手了！”聂凤来恨恨地骂道，“总有一天要跟你们算总账，清算你们的反动罪行！”

后来他听说裴雄太和裴润元被抓到了富林，关到聂仕俊的土牢里，几次都要组织人营救，可总被人劝住。大家说：“我们没有枪，就凭我们几个人，真要去救人，那等于是飞蛾扑火。人没救出来，我们这些人都得搭上。”聂凤来听了，也觉得很有道理。后来又听说裴润元跑了，还拉响石雷，炸死炸伤了好几个国民党士兵，心中又暗暗欢喜，希望裴雄太也能够像裴润元一样逃出去。

今天早上，天刚放亮，就听见富林村里响起敲锣声，一边敲锣还一边喊："富林村里的各房各姓听好，坞头村共匪头子裴雄太被聂团总带人捉拿，这几天就是他的死期。现在奉聂团总之命，将共匪裴雄太游街示众，任凭蚊叮蝇咬蛆爬，直至血肉被吸干啃净。大家都出来观看，这可是百年难遇的好戏，错过了就没这个热闹可看了。"

自从聂仕俊率富林民团袭击董源肖家村，杀了叶山英，张瑛姑替叶山英报仇，潜入富林杀了聂仕光以后，坞头、董源肖家等村名，裴雄太、乐思恭、张瑛姑等人名，就经常被人们提起，可以说是家喻户晓。今天听说裴雄太被抓游街，马上就要被处死，很多人虽然害怕，但还是想看一看。

聂凤来一直不忍心去看裴雄太游街，后来听说裴雄太游了两天街以后，又在村口的老樟树上被绑了三天，蚊虫蝇蛆已经把他啃噬得血肉干净，却迟迟不断气，心里非常难受，又无计可施。他不忍心让裴雄太就这样走了，便决定去送一送。但看到现场景象，心里更难过，他甚至想舍身一搏，把裴雄太从樟树上解救下来。但理智却时时在提醒他不要莽撞，不要冲动。

裴雄太已处于弥留之际，此时他也看见了聂凤来。裴雄太眼睛陡然亮了一下，这是生命离去前最后的聚焦，眼皮一眨一眨的，好像就是在等待他的同志过来，告诉他们不要为他难过，要聚集力量，革命一定要胜利。尔后，眼睛溘然闭合，苍蝇哄的一声围了上去。想是这三天来，这眼睛一直不停地眨动，才没有被蝇蛆所啃噬。现在，裴雄太咽下了最后一口气，想必他心愿已了，再无遗憾。

第二十八章　乐思恭祭父明志

6月22至23日。

被洗劫后的坞头、董源肖家、周家、乐家、叶家店，一片狼藉。瓦砾满地，房屋十不存一，到处是火，到处是烟。其中以坞头损失最为惨重，全村八十多户人家，只剩下不到二十来户，以致死尸都没办法一一收敛安葬，只能挖大坑集体掩埋。各村农会干部也被杀了很多，董源肖家村的农会干部，只有邵花香一人侥幸逃脱。

乐家，道山坞。

这个名字很容易让人联想起道观、寺庙或者某位古人得道成仙，总会有些神神秘秘的民间故事或传说，让它更神秘。但遗憾的是，笔者采访了十几位本地老人，他们给予的回答，除了摇头表示不清楚，就只有“道山”这两个字。

那就不要去寻找它的答案吧，或许不寻找答案就是最好的道山之道。

万年是人类最早的稻作文化发源地，位于万年县城以东的仙人洞就是佐证。随着文明的渐进，人们不再采用以野火焚烧和石刀耕种的生产方式。这些已经消失了的文明行程，让后人对这块土地充满了无限的想象和膜拜。这里也许是越人的一支，在这个被称为吴头楚尾的地方，有太多的吴风、楚韵、越俗。在长达两千多年的大一统中，这种乡风民俗互相纠缠，互相弥补，互相融合，产生了一种与官儒文化极不相称的向心力和凝聚力，造就了这半山半湖半丘陵地区的血性柔性与生命祭奠。

道山坞，乐富才的墓前。

成年男人的哭泣是很令人害怕的，哭到伤心之处，面孔扭曲，身子随着抽泣，一下一个冷战。能够哭出来反倒是好事，可乐思恭没有哭。他长久地跪在父亲乐富才的墓前，既不说话，也不哭泣。眼里没有眼泪，或者说把眼泪咽进了肚子里。但他心中的悲痛是无法想象的，悲痛在他心里已经化为了仇恨。

富林聂仕俊的民团一撤走，乐思恭、张瑛姑几个就悄悄地潜入坞头。虽然心里早有准备，但是坞头村的惨状还是大大地超出了他们的想象，让他们震惊不已。反动派的狠毒残忍更是闻所未闻。村里上至六十多岁的老人，下至刚出生的婴儿，不管男女，只要是家里有人参加了农会，只要是参与了分拿裴灯辉财产的，一律处死。想必刽子手杀人的时候，心里也很发慌，手也是发抖的。拉过人来，乱剁乱砍，随便一刀，不管砍在哪里，也不管断气没断气，就将人推入大坑，填土掩埋。

据侥幸活下来的人后来回忆说，那个时候砍头就像切西瓜，一刀下去，头却不知道滚到哪儿去了。有时候去地里锄草，锄着锄着，便锄出一颗人头来。晚上，野狗成群，争食没有掩埋好的尸体。

村里除了裴灯辉兄弟几个的院落还完好无损，已经找不到几栋完整的房子。

此时，乐思恭等人还不能公开露面，因为裴灯辉还在村子里，聂仕俊走的时候，给他留下了五十多人的护队和十几杆汉阳造。有了这些护队和枪支，裴灯辉胆子也壮了，腰也粗了，说话的口气也大了，成天坐在阁楼改装成的碉楼上，时时注视着坞头村里各个角落的动静。还不时派出小分队，去没有被火完全焚烧尽的民房里查看。特别是乐富才的尸首，他不允许掩埋。他让人把乐富才的尸首吊在自己院子边的一棵大树上，目的是引诱乐思恭前来抢尸。晚上加派双岗看守，他断定乐思恭一定会来。

乐思恭确实来了，而且不是一个人，张瑛姑陪他来的。

这几天，他们躲在暗地里细细地观察，很快就发现，那些站双岗的人白天还挺认真，在老百姓面前吆五喝六，神气活现。但也许是杀人杀多了，心里有鬼，一到晚上，就个个龟缩在碉楼里，听到狗吠鸡叫，才伸个头出来看看，并很快地缩回去。

乐富才的尸体离碉楼有一段距离，并不在碉楼跟前。

乐思恭见了父亲的尸体吊在树上，凄凄惨惨任凭风吹鸟啄，心里甚是难过。他脸色铁青，牙齿紧咬，拳头握得咯咯响。

这天夜里，约莫二更时分，碉楼上的两个哨兵，听见院外有一阵奇怪的响动，借着不甚明亮的月色，把头伸出碉楼一看，别处倒没有什么异样，独独吊着乐富才尸体的树下，阴森森地闪着两点绿光。绿光飘来飘去，忽上忽下，忽大忽小，忽远忽近，没有个定数。一会儿，在漂浮的绿光之间，出现了一个白衣妇人，看不见脸，长发遮住了面孔，下不见脚，只感觉是在浮在空中。这妇人有时定住不动，有时随绿光四处漂浮，有时隐隐约约，还有轻轻的哭泣声。这两个哨兵，年轻的那位已经吓傻了。年纪稍长的，一把按着年轻的，把他拖进碉楼里面，浑身哆嗦，再也不敢露头。

到了早晨，太阳出山，裴灯辉打开院门发现，碉楼上没有了站岗的。跑进碉楼一看，两名岗哨以衣蒙头，哆哆嗦嗦抱在一起。再一看院外，乐富才的尸首不见了。裴灯辉命人拉起二人，怒问乐富才的尸体怎么没有了。没想到，两名岗哨，年轻的口吐青沫，想是吓破了苦胆，一头栽到地上，死了。年长一点的，大喊大叫，挣开众人，一路疯笑着跑了出去。

于是，就有人说，这两个岗哨，是火影子太低，撞见了不干净的东西——碰见鬼了。有的干脆说，人死为大，入土为安，乐富才死了都不能掩埋，心有不甘，想是诈尸，寻替身来了。

说什么的都有。

经此一出，裴灯辉心里害怕，也无心追查。从此，再也不在碉楼设岗，而是把岗哨设在了自己的卧室外面。

道山坞里，安葬了乐富才，乐思恭才稍稍得到些安慰。回家安置好了聂天香，从此心中再无牵挂，一心一意扑在革命工作上。

1930 年 10 月，为了纪念父亲和英勇牺牲的诸多同志，乐思恭在自己父亲的墓前挥笔题写一联。上联是“分阶级共产牺牲，父子亲爱”，下联是“全世界革命成功，天地重修”， 表达了乐思恭对革命充满必胜的信心。

第二十九章　方志敏亲自指挥坞头暴动

仅仅一个月以后，1929 年 7 月 23 日，正当万年的革命运动再次跌入低谷的危急时刻，方志敏第三次次来到万年，在三县交界的荷树岭召开了万年秘密特区紧急会议。

这一次，他又是骑着他心爱的大白马来的。跟着他一起来的，还有十九名红七连战士。

上一次在荷树岭开会，他骑着大白马。山区降下了一场改天换地的冬雪，那是一场吉祥的雪。俗话说，瑞雪兆丰年。从那以后，万年的革命运动如火如荼，人们对革命的渴望是如此迫切。

这一次，却是生机盎然的夏天。

他跳下马来，捧起清凉的山泉水，拍在自己发烫的额头上，瞬间感觉非常凉爽。他把马缰交给警卫员，走进看山人简陋的木头小屋，消瘦的脸上透着坚毅和冷静。

方志敏亲切地跟大家打着招呼，抑或微笑着跟大家握手。受他微笑的感染，气氛活跃了起来。人们纷纷起身，有的紧紧抓住方志敏的手不放，有的满眼含泪，似有许多话要说，急切间又不知如何说起。方志敏也紧紧握一下每一个参会者的手，或在他的手背上轻拍两下，或者用劲按按参会者的肩头，告诉大家："不急，情况我都知道了。"

方志敏招呼大家坐了下来，熟悉的声音如龙吟般响起。他为大家详细分析当前的革命形势，分析第一次暴动失败的原因，指明革命前途，教育大家不要悲观失望，坚信暴动一定会成功。

最后他说："房子烧了我们再盖，粮食被抢了我们再种，只要有人就好办。井冈山的毛委员说过，革命者就像是黑夜中的一粒粒火种，星星之火一定能燃尽国民党野草丛生的荒原。"

人们注意到，这位赣东北革命火种的点播者，面容清瘦，脸色苍白。他站起来时，总是左手叉腰，右手不停地做着手势。现在虽然已是夏天，他却还披着一件破旧整洁的单衣。每讲几句话，便咳嗽数声，有时甚至会剧烈地咳嗽。随着咳嗽时身体的起伏，单衣总往一边滑，他便不时地牵拉一下衣服。虽然咳嗽不停，但却精神饱满，两眼炯炯有神，说话铿锵有力。

会议一直开到下午四时，人们不断地在兴奋中鼓劲，在鼓劲中兴奋。最后，方志敏决定，以坞头、董源肖家、周家、乐家、叶家店五村农民为主体，在其他村子选调对革命事业绝对忠诚的骨干分子，24 日晚上来荷树岭集合，统一行动，参加坞头暴动，时间选在 7 月 25 日拂晓。

当天夜晚，三人一组，派往富林、黄墩、松岗岭、梨树坞、下程、荷桥几个村子，召集参加暴动的骨干人员。

每一个人都是一支利箭，每一个人都是一道号牌。出发之前，方志敏宣布了几项纪律：每组设组长一名，任何人不能以任何理由单独行动；人员召集到齐，白天潜伏不动，任何人不得离开；晚上由三人行动小组集体带到荷树岭集合。

具有历史纪念意义的时刻终于到来！在那个后来被誉为“打响万年武装革命第一枪”的坞头村，1929 年 7 月 25 日拂晓，一支五百多人的暴动队伍，突然出现。亮刷刷的火光，瞬间照亮了村里的各个角落，暴动队伍封锁了所有通往外面的路口。接着，愤怒的人群高举着火把，呼喊着，以迅雷不及掩耳之势包围了裴灯辉的院子。

裴灯辉做梦也没有想到，在经历了残酷的屠杀和洗劫以后，农会还能在这么短的时间内，组织这么大的队伍，发动这么大的暴动。狡猾的裴灯辉感觉不妙，又一次通过他卧室内的那条暗道逃了出去。不过这一次，他连自己的亲生儿子裴廷富也顾不上了，只带着几个贴身马弁仓皇出逃。

沿途不断有农民自发地加入，暴动的队伍像潮水一样汹涌澎湃。这些常年“面朝黄土背朝天，一年四季汗不干”的汉子，在常年劳作之后，不但不能够给自己以温饱，甚至连自己的生命也得不到保护时，他们不得不选择另外一种生存方式，不得不选择另外一种保护自我生命的方式。于是，他们放下了犁耙锄头，握着砍柴劈木的刀把子，赤着脚，甚至都没有洗干净腿肚子上的泥巴，就义无反顾地投入这场轰轰烈烈与命运抗争的红色运动之中。

在第一次坞头暴动之前，有些农民对农会和革命还不是很了解，保持着不参加也不反对的观望状态。他们大多是这样的农民汉子，不求大富大贵，只求“一亩田，一头牛，老婆孩子热炕头”的平淡温馨。但是生逢这样的乱世，他们并不能掌控自己的命运。民团对农会干部的杀戮，已经远远扩大化，即使做一个最本分、最能忍受欺凌和压迫的农民，也会无缘无故地被杀害。血腥的事实让这些农民恐惧，同时也让他们觉醒，要么像猪牛一样被砍杀，要么跟着共产党干革命，用自己乌黑粗壮的双臂，保护自己的生命安全。

围攻裴灯辉大院的战斗出乎寻常地顺利，几乎没有遇到什么抵抗。聂仕俊留下来的帮裴灯辉看家护院的民团团丁，除长枪队的十几个人被裴灯辉带走以外，其他梭镖队和马刀队的团丁，连象征性的抵抗都没有。

原来，暴动的队伍中有红七连的红军战士，穿着灰色的军服，鲜红的五角星和领章在火光中特别抢眼。帮裴灯辉看家护院的团丁都是普通农民组织起来的，图的是聂仕俊给他们的团练费，平时欺负老百姓还行，真要碰上了红军的正规部队，没有一个敢于抵抗。而且，聂仕俊洗劫坞头村时，杀人太多，很多被杀者跟这些团丁还沾亲带故，除了一些聂仕俊的心腹之外，真正动手杀人的团丁并不多。他们对那些被屠杀的坞头村民，抱有极大的同情，对聂仕俊的疯狂屠杀早就是敢怒不敢言，认为作恶过深，会有报应。特别是看守乐富才尸体的那两个团丁的一死一疯，早就让他们心理崩溃。所以，暴动的队伍一到，他们立刻打开院门，四处逃散。

裴廷标带人第一个冲了进去，正遇见裴灯辉的儿子裴廷富带着打手裴维林、裴可河欲冲出来逃跑。仇人相见，分外眼红。裴廷富提着一把大砍刀，硬着头皮迎了上来。他知道自己不是裴廷宽的对手，这一次，两人都没有平时虚假的应承，甚至连一句多余的话都没有说，只是攥紧了手中的武器，都希望一招置对方于死地。

裴廷标手持一支梭镖，没有了平时的那种压抑，那种束缚，感觉身上轻松了许多。他张了张双臂，耸了耸了肩膀，然后，围着裴廷富转了一圈，选定一个位置，突然大喝一声，枪尖一点，直刺过去。不待扎实，又一个大转身，枪把子抡圆了，只一下，就把裴廷富砸倒在地。接着一个扫堂腿，啪啪两下，又扫倒了裴维林、裴可河。三人皆被紧随裴廷标而来的红七连战士绑了。

方志敏骑着白马慢慢地进村来，虽然今天的暴动成功了，但坞头村的惨状还是让他心中焦痛。多好的村子啊，那瓦连瓦、墙靠墙的房屋大半没了，河卵石砌成的村道时不时被坍塌的断墙隔断，那落英缤纷、世外桃源般的美景不见了。不由得心中惆怅，叹息不已。

这时候，天已经大亮。

方志敏下了马，选了一处较高处站定，用力地挥了挥手，人群顿时安静了下来。方志敏望了望坞头村四周，望了望眼前黑压压的人群，开始了他的讲话。至于讲话的内容，现在已经没有人记得清楚。人们当时只记得，他每讲几句，就习惯地做个手势，人群里就一片欢呼。最后，他发布了暴动成功后的第一道命令：根据群众的强烈要求，当场处死对人民欠下累累血债犯下滔天罪行的裴廷富、裴维林、裴可河。烧毁所有的借条契据，分浮财，封仓库，张榜安民，宣布成立中共万年县第一个苏维埃政府。

坞头暴动是方志敏亲自策划和指挥的，坞头暴动的前前后后，凝聚着方志敏的智慧、信念和心血。大革命失败以后，中国共产党面临着生死存亡的抉择。要想生存，必须要有自己的武装，自己的

方志敏对万年斗争形势的回忆

周坊的胜利，更加使群众高兴，斗争更加勇敢，贵溪苏区，就很快发展出去，贵城之外，都成了苏区。

我又从余江、万年的选来的同志，挑选出好几个人来，放在县委机关训练，后派他们各回本县工作，我经常去指导和帮助他们，余江、万年的工作就渐渐的开展了，红军后来又在余、万打了几个胜仗，巩固了余江、万年的苏区，这两县的群众斗争，也很顽强，不怕白军怎样摧残，他们仍是坚持不懈。最可敬的，就是万年东源村的群众，拿两枝枪同张辉林的白军打了整整的一年，结果，张辉林的白军，还是抛弃洞坚逃走了。

摘自《方志敏文集》

万年城之役。旅日我军包围驻万年石镇方家的靖卫大队，由饶德、乐、余、德、万五县联防"剿匪"指挥官和官长士兵多人，缴获步枪四十九支，驳壳枪六条；第二日乘胜进攻万年城，但因天黑及大雨，以致到中午才进攻，敌人只有枪两百余支，但布置的防御工事甚周密，在城外设有铁丝网，我军由东西南三门冲锋爬城，因不能将铁丝网毁坏，结果不能进，激战半日，到晚我军退了，损失较大。

摘自《方志敏文集》

咸营之战。万年靖卫集中在咸营，胁迫群众缴头，我们跑二十余里山路，黑夜进剿，路不熟中途失联络，吊号再三，才得重新集合队伍，但时间已太晚，预不及目的地即会天明，进退不能决，这天大雾，继续加速前进，到达敌军步哨处，排哨犹未发觉，同时匪哨内部亦毫无戒备，结果大胜。

摘自《方志敏文集》

方志敏对万年斗争形势的回忆

枪杆子，自己的根据地。方志敏从大革命失败的惨痛教训中深刻地认识到了这一点。因此，他积极地储备力量，成功策划领导了弋横暴动、周坊起义和万年坞头暴动，奠定了赣东北苏维埃政权的基石。他所骑的白马，已成了赣东北人民心中最吉祥的神马。马蹄踏处，春泥翻卷，草木含香。他所领导的队伍，由最初的几人，发展到几十人、几百人，最后达到了数万之众。他们的队伍，也从最初的大刀长矛，发展成为一支装备精良、骁勇善战的队伍。这期间发生了许多可歌可泣的英雄故事，可以说是一部可书可记的史诗，它是中国革命英勇卓绝的一部分。

这个著名的被誉为打响万年武装革命第一枪的坞头暴动，到这里似乎画上了一个圆满的句号。

但是，坞头暴动到这里其实并没有结束，而是刚刚起了个头。那一帮雄心勃勃的青年才俊觉得，革命还必须再发展壮大，所以故事还必须继续讲下去。坞头暴动以后，万年连续举行了一系列的武装暴动，而这一系列的武装暴动，正是坞头暴动的延伸。

既然成立了苏维埃新政府，附近五个村庄全部插上了红旗，就不能不考虑巩固革命成果，巩固革命成果就不能没有地方政府官员，不能没有管理人员。

这次首先走上领导岗位的是乐思恭，苏维埃政府任命他为军事部部长。然后是徐柏顺，他被任命为农民革命团团长。这两个几乎同时走上苏维埃政府领导岗位的年轻人，在后来的日子里，在方志敏的直接领导下，将坞头暴动的战果演绎得更加辉煌。虽然两人最后的结局不一样：一个成为后辈敬仰的革命烈士，一个则成了人人唾弃的反革命叛徒。

第三十章　富林暴动

10月10日，富林农民暴动。

富林是反动民团头子聂仕俊、聂仕璜两兄弟的老巢，聂氏兄弟仗着财力雄厚，经营多年，占据着万年东南半壁。他们又和国民党县党部紧密勾结，得到了国民党政府的委任，在富林人的眼中，保安团即是富林村的政府军。一些团丁平时在村里仗势欺人，强买强卖，也无人敢言。坞头暴动的消息传到富林以后，聂仕俊、聂仕璜又恨又怕。聂仕俊的老丈人裴灯辉逃到他这里，一天到晚哭哭啼啼，聂仕俊、聂仕璜便本能地加紧了对民团的掌控。

富林是有着“千烟之村”的人口大村，经济富庶，反动势力嚣张，对穷苦农民的压迫也更深。

坞头暴动以后，方志敏立即着手酝酿富林暴动的行动计划。他先是派乐思恭、叶新倌、郑春水、张瑛姑等人随聂凤来悄悄潜入富林，摸排清楚村里的各种情况，特别是聂仕俊、聂仕璜的民团情况，对部分团丁进行宣传教育，说“你们本来也是穷人，穷人不应该打穷人”，争取他们能够站在革命的一边，不要为地主老财卖命。团丁们听了，倒也觉得有理。宣传时，还不时地甩个飞镖，练个拳脚技法。

他们很多人本来就是一些破了产的农民、吃不饱饭的灾民、找不着活儿的手艺人，原本就是为了讨口饭吃，混个“一人吃饱，全家不饿”，并非真心干民团。现在见了乐思恭等人的拳脚功夫，早就心虚发慌，没有谁还真想拿自己这不值钱的命乱抛乱丢，万一弄个缺胳膊少腿，那下半辈子可就是瞎子走夜路——都是黑了。于是操练巡逻也就不怎么积极，大多应付应付了事。

10 月 10 日凌晨三点，方志敏率领五个村的农民革命团和奉命赶来增援的红七连，对富林发动了进攻。红七连虽说是一个连，但其实只有七十来人，三十几杆枪。聂仕俊的民团刨去三百人的梭镖队和三百人的大刀队不说，光长枪就有五十几杆，所以攻了近一个时辰，仍然攻不进去。亏了民团这些人打枪没准头，只是胡乱放，也不敢冲出来。双方僵持了个把时辰，互有死伤。

方志敏找来乐思恭、聂凤来，让他们带着几十个人，潜入村里，里应外合。乐思恭他们潜入富林后，放了几把火，然后又四处放枪，大声高喊：“快跑吧，红军从后面攻进来了，放下武器，投降者不杀。”一时喊声四起，不知有多少人马。

民团的团丁们本就是虚张声势，不愿意真跟红军打仗，只是因为有聂仕俊、聂仕璜两兄弟拎着驳壳枪在一边压着，不敢不来。现在四下里枪声大起，火光冲天，黑暗中有那么一部分人把刀枪一扔，叮叮当当一阵乱响，其他的人便一哄而散。

聂仕俊、聂仕璜一看大势已去，便带着几个心腹，趁着黑暗中混乱，逃之夭夭。

攻下了“千烟之村”富林，对其他村庄的大小地主是个极大的震慑。许多地主纷纷主动上缴地契田契、借据租条，主动地减租减息。万年的革命形势一片大好。

但还是有极个别的地主心存侥幸，妄图顽抗到底。

松岗岭的大地主吴志浩趁着聂仕俊民团覆灭的机会，招降纳叛，收集从富林逃跑出来的散兵游勇和枪支，欲发展壮大自己的民团力量。又在松岗岭白氏仙庙内，成立了民团指挥部，并招雇民工，盖起营房，填沟削山，开辟操场，欲与坞头、富林的革命力量对抗到底。

11 月 1 日，松岗岭民团团总吴志浩为其弟弟结婚筹办喜事。得知这一情况，苏维埃政府根据方志敏同志的指示，决定利用这一机会，命令农民革命团团长徐柏顺拔掉这颗毒瘤。

天刚放亮，徐柏顺就带着农民革命团一百多人来到松岗岭。将人员布置好以后，徐柏顺与松岗岭的农会干部吴宽林各带一队人马，一队杀向松岗岭白氏仙庙民团团部，一队向吴志浩家杀去。一边冲，一边不停放枪。

松岗岭白氏仙庙内，那些民团团丁们，此时还在梦中。这些民团武装，跟占山为王的土匪没什么两样，平时耀武扬威，张牙舞爪，全仗了身上那身皮、那杆枪，吓唬吓唬老百姓。现在听见枪声，个个惊慌失措，衣服都不敢穿，四散而逃。

松岗岭团总吴志浩也在团部睡觉，被枪声惊醒，正要组织人员反击，见团丁们衣衫不整，四散奔逃，知道大势已去，难以挽回，便带着几个马弁朝江源村方向而逃。

徐柏顺、吴宽林发现以后，如何肯放过，带领人马猛追。不久，追上吴志浩，将其当场击毙。

至此，坞头周围四十八村，再无地主民团反动武装势力，各村都成立了乡苏维埃革命政府。

11月24日，方志敏在龙岗村召开了四十八村三百九十余名工农代表会议，前后两次作报告，为万年的革命运动再掀高潮指明方向。

事情到此，关于坞头暴动似乎又应该告一段落了，但事实却是还不能，因为在召开了四十八村三百九十余名工农代表会议以后，国民党的一个团已经由鄱阳向万年开来。为了捍卫红色苏维埃政权，巩固坞头暴动的胜利果实，方志敏亲自率领红七连的红军战士与坞头暴动的部队，向敌人发起了一系列的激烈战斗。

从鄱阳开来的是国民党五十五师三二五团，现任团长叫梅凤书。

这个梅凤书，看名字别人一定会认为是个斯文人，但实际上是个极其凶残的人。他豹头环眼，络腮胡子，胸口一蓬黑扎扎的胸毛。喜欢喝酒，每天除了早上起床的那一点时间是清醒的，其他的时候都是醉醺醺的。喝醉了就胡乱开枪，拿路上的行人做枪靶子。更让人痛恨的是，这个梅凤书喜欢吃人心，常将一些无辜的百姓抓起来剜心，做下酒菜。

梅凤书率部到达万年，没等和当地的国民党政府、地方靖卫团取得联系，就迫不及待地带着自己的部队向坞头开去。

他根本不把这些农民武装看在眼里。用他的话说：只要拎着几把机枪，拉泡屎的工夫就能把这些泥腿子给突突干净。

方志敏决定诱敌深入，把敌人引向大山深处，消灭这股不可一世的敌人。

一时间，坞头、松岗岭、黄墩徐家、港下、龙岗、荷桥等等，所有的苏维埃政府都行动起来，组织群众撤退，坚壁清野，不给敌人留下一粒谷子，村子里看不见一个人影，听不到一声狗叫。

梅凤书的部队进入苏区几天，除了喝几口山泉水，找不到一两油盐下肚，士兵饿得东倒西歪，别说打仗，枪都不愿扛了。正暗暗叫苦，准备撤退，有士兵来报："前面有共产党，被我们包围了。"

被包围的是荷桥村妇协会主任张凤娇五位女干部。

荷桥妇协会主任张凤娇在组织完群众撤退以后，自己没来得及走，与五名妇协会女干部被敌人包围在一间民房里。这五名妇女干部，她们的丈夫都参加了坞头暴动，后来参加红军随部队走了。

被敌人包围后，张凤娇对其他妇协会干部说："做人要有个人样，做鬼也要有鬼样，咱们的男子宁（丈夫）可都是红军，咱们可不是一般的群众，更不是一般的山里女客。高山上打鼓，名声在外。今天咱们就是豁出这条命去，也不能给苏区丢脸！"于是，三根扁担、两把柴刀便成了五个女人的战斗武器。

敌人发现了她们，便邪恶地喊叫，疯狂地咒骂，想让她们走出房屋投降。她们躲在门后，任凭敌人怎样无耻地号叫，就是不出去。山里的女客平时除了照顾家庭，同时也随丈夫上山砍柴扛木头，下田耕种挑粪担，很是有一把子力气。张凤娇还会几下功夫，普通的男人一个对一个打不过她。她们想好了，这间屋子就是自己最后的战场，同时也是敌人丧命的坟场。

终于，有两个国民党士兵忍不住了，端着枪，踢开门，探头探脑走了进来。雪白的刺刀闪着寒光。可是，这两个国民党兵万万没有想到，还没等他俩看清楚房间里的情况，两根粗木扁担就实实地砸在脑袋上，扑通一声就倒地上了。外面的国民党兵一阵骚乱，接着又有两个士兵气哼哼地冲了进来，照样，还没有来得及反应，也死在了门口。国民党兵恼怒了，一下冲进来五个。一对一，按理五个壮汉对付五个弱女子，应该是稳操胜券。可最后的结果是，打斗了一会儿，五个国民党兵全死了，女客们也只剩下奄奄一息的张凤娇。

屋外一阵安静，国民党士兵傻眼了。他们根本没有想到，仅仅几个手无寸铁红色苏维埃的农村女子，因为经过了革命洗礼，就有如此勇力，那红军岂不是更厉害，心中不免就心虚了起来。

趁着屋外国民党士兵暂时的安静，奄奄一息的张凤娇挣扎着，用仅有的最后一点力气，打翻了一盏煤油灯，又挣扎着想爬起来把房子点燃。可是，无论她怎样努力都爬不动了。

被惊呆的国民党兵突然像醒悟过来，愤怒地冲进来。他们把已经没有了任何力气反抗的张凤娇拖了出去，扒光衣服，进行羞辱。最后，找来一把杀猪的屠刀，将张凤娇的尸体砍成了十三块，并烧毁了荷桥所有的房子。

两天以后，方志敏发出了作战命令："同志们，敌人进攻我们的苏区来了。他们在烧毁我们的房子，抢夺我们的财产，屠杀我们的亲人。为了保卫红色苏维埃，保卫坞头暴动的胜利果实，现在我命令你们，把敌人打出去，消灭他们！"

霎时间，英勇的红军战士和坞头、富林暴动的部队三千多人从山头、竹林、树丛、水沟等不同位置，向敌人发起了进攻。经过七个多小时的激战，消灭了敌人两个营，击毙敌团长以下军官十二人，活捉十人，只有敌三二五团团长梅凤书带着手下几十个人逃了出去。这一仗，缴获长短枪支一百多支，子弹三千余发。

战斗结束后，红军战士高声唱道："跟着方邵干革命，红军打仗天天胜。消灭敌军两个营，吓死团总梅凤书。"

第一次与敌人正规部队作战，就取得这样大的战果，确实是不容易。经过了这一战斗洗礼，这些从田里爬出来的农民，才算脱胎换骨，像个红军战士了。

11 月 26 日，有侦察员来报，残害胡完生、黄仕彪的万年警察署的队长方之屏方胖子，勾结陈营街的土豪劣绅陈士英、陈添雨，强迫陈营二十四湾组织团练，并在他的老家石鼓组建了一支一百多人的靖卫团，扬言要杀进苏维埃政府，活捉方志敏，为富林的大地主聂仕俊出气。口出狂言，气焰十分嚣张。

如果不打掉这两个极端反动劣绅，年轻的苏维埃政权随时都有危险。

方志敏决定先攻打陈营，再攻打石鼓。

陈营街依山傍水，既是通往县城的必经之路，又是屏卫红色苏维埃的照壁。进可攻，退可守，钥锁万年东南半壁，是军事必争之地。

方志敏亲自带着方志纯扮成卖货郎，悄悄地去陈营街侦察敌情。通过侦察了解，他们认为陈营街并不难攻打，那些所谓的团练其实也是一群穷苦农民，都是被迫参加团练，心中多有怨愤。而且，也没有多少现代火器，大多是些梭镖大刀、土枪土炮。方志敏当即召开了军事会议，决定兵分三路，进行偷袭：一路由陈沉辉、乐思恭带领坞头、富林暴动一千余人的主力部队，正面佯攻；一路由方志纯、邵伯平、徐柏顺带领一千多名农民赤卫队，绕道邹畈村敌人背后偷袭；另一路由方志敏亲自带张瑛姑率领一支正规红军精干小分队，从下陈直接插入陈营街，捣毁敌人巢穴。

战斗的惨烈不用细说。正面佯攻的部队受到了敌人顽强的抵抗。双方土枪土炮轰个不停，不断有人受伤或者死亡。大土豪陈添雨极其凶顽，敞开衣服，露出一胸的胸毛，挥着驳壳枪逼迫团练们不准退下，扬言谁退后一步就打死谁，杀了谁全家。背后绕道邹畈准备偷袭的农民自卫队也受到了另外两个土豪劣绅陈美才、陈兴奎所部团练的阻击，偷袭也就成了正面强攻。正在双方拉锯胶着之际，方

红军使用的锄头、铁枪等

志敏、张瑛姑率领一支七十人的红军精干小分队，神不知鬼不觉地插入敌人指挥部，一阵猛攻猛打，敌人措手不及，大惊失色。陈添雨带着几个马弁随从落荒而逃。小分队没有去追陈添雨，而是朝陈美才、陈兴奎所部猛攻过去。敌人不知道红军有多少人，见红军攻势激烈，阵脚大乱，四散溃逃。陈美才、陈兴奎也想随溃兵逃走，但没来得及，被英勇的红军抓获后当场枪决。

第三十一章　方志敏一打石鼓

陈营大捷后，革命影响迅速扩及万年各地，把万年坞头、富林、乐家、裴梅、港下、松岗岭、大源、黄毛等各苏维埃连成了一片，形成万年东南一片红，建立了一个比较大的革命根据地。

这种局势震惊了国民党省党部，他们撤换了潘猴子县长，委派一个叫龙赞的继任。龙赞到任后，一方面与陈士英等土豪劣绅勾结，召集兵马；一方面继续与国民党军队联系，准备联手围剿苏维埃根据地。

国民党对红色苏维埃的害怕与痛恨已经到了无以复加的地步，恨不得立刻就绞杀了它。11 月 27 日，龙赞纠集石镇商团和县保卫团八十多人，陈营土豪劣绅陈士英梭镖队七百多人，共计近千人的反动武装，准备在第二天，即 11 月 28 日，兵分两路进攻富林和港下，然后直扑坞头，一举扑灭革命火种。

此时，部队刚刚撤出陈营，方志敏也刚刚去了贵溪。万年的地下工作者获悉情报后，立即派交通员裴定焕、刘克进连夜赶到贵溪，向方志敏紧急汇报敌情。

方志敏得到报告，深感势态严重，立刻召集贵余万游击司令方志纯、红军独立团团长匡龙海、红军尖刀连连长邵群，以及乐思恭、张德善、徐柏顺等人商量对策。最后决定，先发制人，打敌人一个措手不及。

28日深夜，方志敏和红军独立团团长匡龙海率领两百多名红军战士和一千五多名坞头、富林的暴动部队，也兵分两路，攻击敌人。方志敏想亲自率领第一路，但大家不同意，说这太危险了。作为一支部队的统帅，部属没有理由不爱护他，不为他担心，他若出点事情，这支部队就散了。这也是他的部下第一次反对他的决定。既然大家都反对，方志敏也只好同意，改由独立团团长匡龙海与徐柏顺率领，从富林出发，走古塘源，翻牛头岭，过南山坞直扑陈营僖子岗石镇商队和县保卫团。第二路由乐思恭、张瑛姑率领，从港下出发，穿过忠心垱，绕过僖子岗直扑陈营梭镖队。

28日凌晨四点多钟，红军所有部队到达指定战斗位置。为了摸清此时敌人的情况，红军独立团团长匡龙海命令一位红军侦察员化装成卖柴的农民，在敌三二五团驻扎地僖子岗古庙前叫卖。吆喝了半天，无人应声，连个哨兵也没有看见。侦察员把柴火往庙门口一放，探头朝庙内一看，只见庙内敌兵正在围成几堆赌博。庙内乌烟瘴气，士兵们个个帽子歪戴，敞胸露怀，嘴角歪叼着纸烟兴趣正浓，枪支弹药全部扔在一边。庙里一口大锅，煮着猪肉，正咕嘟咕嘟地向外冒着香气。哨兵们也抱着枪，横七竖八地睡觉。

侦察员一看，机不可失，立即返回报告。

匡龙海一听，当即命令红军战士悄悄潜行，待接近僖子庙，迅速出击，不给敌人一丁点儿反应的机会。

恰好此时天起大雾，百步之外看不见人，红军战士顺利地到达僖子庙门口。这时，突然有两个国民党哨兵出来撒尿，一拉开门，和正欲冲进去的红军战士碰了个脸对脸。说时迟，那时快，匡龙海啪啪两枪撂倒俩哨兵，庙内的国民党兵一阵慌乱，等他们反应过来，红军黑洞洞的枪口已经指着他们的头了。

枪声就是命令。

陈营街上的一千五百名坞头暴动部队，在乐思恭、张瑛姑的率领下，迅速展开攻击。前后短短半个多小时，就结束了战斗，击毙敌人四十名，活捉了陈士英等十几个首恶分子，缴获了长短枪四十六支，手榴弹二十多枚。

陈营二十四湾的穷苦百姓欢欣鼓舞，张灯结彩，欢迎红军进城。老百姓自编歌曲唱道："红军本领强又强，一举拿下僖子岗。庙内敌人吓破了胆，死的死来降的降。陈营街上庆胜利，革命红旗到处扬。"

陈营二次大捷，为巩固年轻的苏维埃政府奠定了坚实的基础，同时也为红军攻打珠溪河对岸石鼓方家的方之屏方胖子的反动靖卫团创造了有利条件。

方志敏得到第二次陈营大捷的喜讯，立即从坞头赶赴陈营街，以信江特委的名义，对这些刚刚丢掉锄头把子握起了枪杆子的农民赤卫队军进行隆重嘉奖。

陈营之战的胜利，深深地震撼了国民党万年县政府县长龙赞和已经升任为国民党县党部书记的方之屏方胖子。他们重金购买枪支，招募士兵，成立鄱阳、乐平、余干、德兴、万年五县联防"防共剿匪"

指挥部，一时聚齐三四百人。他们以方胖子的老家石鼓方家为中心，拆毁民房，修筑工事，在珠溪河桥头新筑碉堡，不时在碉堡内向对岸开枪射击，给苏区人民造成极大伤亡和威胁。

石鼓方家与陈营街仅隔着一条珠溪河。河西北是国民党统治的白区，东南是红军控制的红色苏维埃根据地。不打掉石鼓方之屏，红色苏区就不得安稳，坞头暴动的胜利果实就得不到巩固。

1930 年 5 月 3 日，方志敏亲自来到陈营街珠溪河畔，隔河观察敌情，准备攻打石鼓。

根据方志敏的指示，第二天，由坞头暴动部队改编成的红军万年独立大队一营三百多人，悄悄开往石鼓附近的永乐、上畈两村隐蔽起来。晚上，红军万年独立大队一营兵分左、中、右三路，包围并夜袭石鼓五县联防靖卫团指挥部。

红军一部由郑春水率领，从上畈村分水垱坝渡水过河，攻敌左侧；一部由方昌荣率领，从刘塘寺垱坝渡水过河，攻敌右侧；中部由方桂荣率领，潜伏至石鼓村后的山上，占领制高点，发动进攻时，居高临下，直插敌人的指挥部。

临走之时，方志敏把郑春水、方桂荣、方昌荣叫到跟前，神情凝重地交代，这一仗一定要打好，争取活捉国民党县党部书记方之屏，找到胡完生、黄仕彪遇害之地，为胡完生、黄仕彪报仇。

战斗从凌晨两点开始，激战至第二天拂晓，终于将五县联防靖卫团击溃，团总方大斋也被击毙在珠溪河里，消灭国民党军一百二十多人，缴获步枪四十九支，手枪六支。只可惜，让五县联防总指挥姜伯章和万年县国民党县部书记方之屏逃跑了。

攻下石鼓的消息传到富林，方志敏非常高兴，来不及跟别人说一声，牵出自己的大白马，翻身上马，猛抽几鞭，向石鼓方向奔去。慌得裴廷宽急急忙忙带着几个警卫班战士，拼命地追了上去。追上了方志敏以后，裴廷宽本想问几句话，但一看方志敏脸色铁青，神情凝重，便吓得把话咽了回去。

5 月的万年已经绿草茵茵，天气慢慢热起来。沿着珠溪河旁的官道，方志敏策马急奔。这个季节珠溪河的水比平时高涨了许多，清晨的草丛里不时有青蛙跳出来鸣叫，山岗上披满层层新绿，在层层新绿之间，有一团团鲜艳的红色，那是野桃花，在这新绿与桃红之间骑马穿行，凉爽的风吹到脸上，别有一番滋味。

此时的方志敏却无心欣赏这时的美景，他的全部注意力都在石鼓。

石鼓村里，红军已经在张榜安民，老百姓非常欢迎红军的到来。到处张灯结彩，燃放鞭炮。

跑了方之屏和姜伯章，郑春水、方桂荣、方昌荣总感觉这个胜利不够彻底，就挨个审讯跟方之屏有密切关系的俘虏，希望能够得到一点胡完生、黄仕彪的遇害情况，进而找到二位烈士的遇害地点，但没有一个人讲得清楚。

方志敏到了以后，他们非常惭愧地向方志敏汇报了这个情况。方志敏并没有责备他们，说："仗打得这样顺利，已经非常不错了。战场上情况瞬息万变，跑走一两个人在所难免，何况还是对本地地形非常熟悉的方之屏。"方志敏又安慰他们说："不要紧，他们跑不了，以后总有机会抓住他们。"

第三十二章　为民除害

自敌三二五团团长梅凤书进犯苏区在荷桥差点被全歼，侥幸逃回了鄱阳。不久，又卷土重来。

这一次他学乖了，不敢擅自去惹苏区红军，而是立即跟万年县政府县长龙赞和县党部书记方之屏联系，要他们全力配合。龙赞、方之屏自然应承，有了国民党正规部队作支撑，便一扫吃了败仗的焦霉之气，胆子自然也壮了几分。

经过商定，他们决定吸取上次失败的教训，先把部队驻扎在珠山桥，在桥上构筑碉堡，多架机枪，封锁大桥和河面。然后占领石鼓，同时在附近的村庄抢拉民夫，强抓壮丁，严密布置岗哨，实行村民保甲制度，一人发事，全村受罚。采取"步步为营，稳扎稳打"的堡垒政策蚕食苏区，清乡杀人，放火烧房，使红军与老百姓失去联系。

方之屏又严令石镇商团团总苟玉亮、河溪民团团总彭高魁、永乐民团团总邹小鲁、高蹲民团团总王高照等，各率民团八十余人前来石鼓村协防，富林的民团头子聂仕俊、聂仕璜闻讯，也带着手下的残兵败将和坞头暴动逃走的地主裴灯辉前来归附，于是敌人人数高达两千人之众，复又疯狂起来。

敌人的毒辣计谋确实奏效，老百姓果然不敢再与红军联系。由于害怕敌人烧杀抢掠，很多百姓不得不背井离乡，逃往他处。

这个时候，方志敏组建的赣东北工农主力红军已经颇具规模。根据目前的情况，方志敏决定调动赣东北红军主力部队攻打石鼓，同时围点打援，消灭从县城来的敌三二六团，把敌人打痛打怕，使敌人短期内不敢再进犯红色苏区。这样，坞头暴动才算有了一个真正圆满的结局。

为了打好这一仗，方志敏派人叫来了乐思恭、郑春水、张瑛姑、方桂荣，让他们化了装去石鼓侦察敌情。

却说敌三二五团团长梅凤书自进攻苏区荷桥失败以后，虽然跟万年县政府龙赞、方之屏勾结在了一起，但总是惊魂不定，总觉得红军会随时打过来。因此，总龟缩在珠山桥的碉堡里不出来，只在碉堡里胡乱开枪，老百姓谁也不敢从珠山桥经过。

他手下有个排长姓何，为了表述方便，我们就叫他何丘八。此人为了讨梅凤书高兴，经常会偷偷地抓一些无辜的老百姓杀死剜心，献给梅凤书做下酒菜。

这天，他一下抓了十三个老百姓给梅凤书，其中十二个被当场杀死了。只有一位姓王的妇女，在珠溪河边洗衣服，因为长得略有姿色，被何丘八抓了去奸污了，总算没有杀她，放了回去。这王姓女客被何丘八奸污，又受了惊吓，神志不清，跳进珠溪河要寻短见，恰好被乐思恭、郑春水、张瑛姑、方桂荣看见，救了起来。追问再三，等这女客心神稍定，方才呜呜咽咽地把事情讲了个半清不楚，四个人是连问带猜才大致弄了个明白。

三个男人还没有说话，那张瑛姑是何等性子的人，疾恶如仇，当即就恼了，咬牙切齿地说："畜生，真正的畜生！"便要去杀了梅凤书。

乐思恭紧紧拉住不放，说："姑奶奶，这个梅凤书有那么容易杀，还等得到今天？"

好说歹说，把张瑛姑劝下了。

张瑛姑想，梅凤书每天躲在碉堡里不敢出来，这个姓何的排长总会出来吧，便拿定主意，要先除了这个何丘八。

也是这何丘八当死，头天强奸了那个王姓妇女，这个家伙尝到了甜头，又想故伎重演，想出门抓一个良家妇女回去，便带了两个士兵出来。一出门，就见对面子岗桥码头上，一女客在洗衣服，看样子年纪不大，二十来岁。就朝两个士兵努努嘴，一挥手，朝女客洗衣服的地方走去。

这个女客就是张瑛姑。她见来了三个人，心里也是有点紧张。她预感这三个人里一定有何丘八，便故意装作没看见，依然在那里埋头洗衣服。

何丘八倒不着急，带了两个士兵，站在桥边，不怀好意地看了一会儿张瑛姑洗衣服。他见这个女客真是太美了，身材匀称，眉清目秀，比昨天那个王姓女客更好看。

看了一会儿，何丘八没话找话说："妹子，洗衣服啊？"

张瑛姑头也没抬，说道："你没长眼睛啊？"

何丘八一楞，心想这女客倒胆大，竟然不怕他，便道："妹子衣服洗得干净，帮哥哥洗洗吧。"

张瑛姑也不生气，冷冷地回道："谁是你的妹子？你是谁的哥哥啊？人家连你姓什么都不知道，就哥哥妹子地乱叫，被别人听到了，我还怎么做人啊！"

这时那两个士兵开口了，嬉皮笑脸地说："妹子，这是我们何排长，是梅团长眼前的红人。你要帮我们排长洗衣服，我们排长肯定亏不了你。"

张瑛姑心头一喜，心想：畜生，等的就是你，你的死期到了。脸上却并不露出来，也不说话，只急急忙忙地把衣服收进竹篮子，提起来就走。

这一下又出乎何丘八意料。见张瑛姑要走，他如何肯放过，便带着两个士兵紧追。

张瑛姑见三个人追过来了，心中暗喜，便不紧不慢地跑着，始终跟他们保持一定的距离。在一个拐弯处，突然就不见了。

何丘八追着追着不见了张瑛姑的人影，心里的那团淫火不断往上蹿，踢了两脚士兵，骂道："你们他 ×× 真没有用，连个女人也追不上。回去把你们的心剜出来，给梅团长做下酒菜。"

两个士兵很委屈，哭丧着脸说："排长，你也看见了，不是我们追不上，是这女的太邪乎，跑得快，一转眼就没了。"

听了士兵的话，何丘八想着是有点不对劲，正要调头回去，但已经来不及了。

只见斜刺里跳出两个人来，正是乐思恭和郑春水。二人上来就把两士兵按倒了。何丘八一看不好，撒腿就跑。不承想，一条腿横空扫过来，只一绊，就把何丘八摔了嘴啃泥。这个人正是张瑛姑。

边上的方桂荣一伸手，把何丘八拎了起来，照着他的脸就是一拳，然后把他也绑了。

却说乐思恭四个人，绑了这何丘八与两个士兵，来到一片小树林。这个小树林正在珠溪河的一个拐弯处。上游是珠山桥碉堡，下游就是石鼓村，珠山桥到石鼓村也就不到三里路。站在树林里可以看见珠山桥和石鼓村，而在珠山桥的碉堡上和石鼓村虽然也可以看见这片小树林，但却看不见小树林里面的情况。

方桂荣把两个士兵带到别处，独独留下何丘八一人。郑春水一脚把何丘八蹬倒在地，掏出他嘴里的破布，用小刀在他脸上比画了比画，问他要死要活。

何丘八鼻涕眼泪全出来了，一个劲地点头说："饶命，饶命！'瞎子瞎两年，疯子疯两年。'我自然是要活。"

郑春水说："要活命好办，等会儿问你的话，你要老老实实地讲，胆敢不说实话，就活剐了你。"

何丘八连说："一定如实相告，绝不说假。"

乐思恭就过来问珠山桥碉堡的情况、兵力部署、火力配置。问完了，又问石鼓村的情况。何丘八有时回答得快些，有时吱吱呜呜回答得慢些。回答慢了，郑春水就摇摇手里的刀，横眉怒目瞪他。一瞪，何丘八就竹筒倒豆子滚了个干净。

这时方桂荣也审完了另外两个士兵。两下一对，情况差不多，估计这个何丘八没有说假话，便相互点点头。

四个人收拾收拾，准备撤退。

乐思恭说话了，他对着何丘八问道："听说你们梅团长爱吃人心？”

何丘八一愣，点了点头，不知道乐思恭什么意思。

乐思恭又问道：“听说梅团长吃的人心都是你帮他找的？”

何丘八吓得扑通一声又跪下了，磕头像捣蒜似的求饶命。

乐思恭也不理他，说道：“既然梅团长吃的人心都是你找的，那说明你对梅团长很忠心啊。这样吧，估计今天你们梅团长吃的人心还没有着落，就把你的心给他做下酒菜如何？”

也不等何丘八说话，郑春水上前一步，踩翻何丘八，手一扬，噗的一声，一把匕首扎进了何丘八的胸口，何丘八叫都没来得及叫一声，便一命呜呼。

接着，乐思恭一指何丘八的尸体，对另外两个国民党士兵说：“今天饶你们两个一命，如果再敢祸害老百姓，跟红军作对，他就是你们的下场。”

说罢，四个人扬长而去，消失在树林里。

第三十三章　方志敏二打石鼓

坞头，大地主裴灯辉那栋宽大的宅子，现在已经成了起义部队指挥中心暨董源乡苏维埃政府机关所在地。

乐思恭、张瑛姑四人在小树林处决了何丘八以后，并没有立即回坞头，而是潜伏到石鼓和珠山桥实地观察了一番，并仔细画了草图。最后他们认为，情况确实跟何丘八交代的一样，这才放心悄悄地撤出来，赶回坞头报告。

此时坞头的裴氏祠堂里，并不只有方志敏一人，还有今天刚刚来到的邵式平和黄道，以及很多其他的赣东北苏维埃政府领导人。按照当地老百姓的说法，这些人都是天上下凡的星宿，不是一般的人物。今天这么多人聚集在坞头，必定有重大事情发生。

原来自从把乐思恭、张瑛姑四人派出去石鼓侦察情况后，邵式平、黄道等一众赣东北政府主要领导人就到了，他们随方志敏去了“千烟之村”富林察看地形。去的时候个个脸色凝重，回时人人面带笑容。不久就有风声传出，说赣东北苏维埃政府机关马上会搬迁至万年富林，当然这是后话，暂且不提。

方志敏把乐思恭四人向众位领导作了介绍，乐思恭亦当即把侦察到的情况向众领导作了汇报。听完汇报，经过一番商量谈论，方志敏便代表赣东北苏维埃政府、信江特委宣布了攻打石鼓的作战命令：组建前敌委员会，由方志敏任前敌委员会书记、前敌总指挥，调赣东北红军主力八十一团、八十二团、八十三团和一个机炮营前来参战，由邵式平、周建屏、匡龙海、龙志光率领实施。具体的部署是：匡龙海率红八十二团从富林出发，经余源、南岗，潜伏在石鼓龙溪桥，攻击珠山桥、石鼓的左路，切断敌人向石头街的逃跑路线，并阻击石头街来援之敌；龙志光率红八十三团从松岗岭出发，经陈营、乐家埋伏在黄营山头，攻击珠山桥、石鼓的右路，切断敌人向县城逃跑的路线，并阻击县城来援之敌；红八十一团正面主攻，由周建屏亲自率领；机炮营作为总预备队随方志敏、邵式平指挥部行动。

一个小小的石鼓之战，竟然动用了几乎是赣东北红军的全部主力，可见这次战斗的不寻常，更可见方志敏对这次战斗的重视程度。

第二日下午五点，对珠山桥、石鼓的攻击开始了。

红八十一团几次冲锋，都未成功。双方炮火都很猛烈，互有死伤。虽然事前经过了乐思恭等人的细心侦察，但石鼓、珠山桥敌人的火力却是十分强大，不可小觑。而且，石鼓与珠山桥碉堡工事也确实易守难攻。

要想攻进珠山桥和石鼓，首先得渡过一百多米宽的珠溪河。特别是石鼓，渡河以后，又得穿过一段一百多米宽的稻田开阔地。这些地方无遮无挡，人一出现便成了活靶子。梅凤书、方之屏占据珠山桥、石鼓的这段时间，又在珠山桥与石鼓村之间的虎头堖修建了大量工事碉堡，每个碉堡里都架了一挺重机枪。攻击的号声一响，每个碉堡里的重机枪就像河里的野鸭子一样呱呱呱地叫了起来，封锁了河面与通道。

攻击受阻，周建屏命令暂时停止进攻，等待黑暗来临。

晚上九点钟，夜已经黑得不见五指，方志敏调来机炮营的迫击炮协助作战，机炮营营长梁拔子亲自带队。

看见迫击炮，攻击部队精神大振。周建屏调集了红八十一团所有水性好的战士两百来人，把他们分成二十一个敢死小分队，每队九人，每人配备短枪大刀，凫水渡河。机炮营营长梁拔子自告奋勇，要求担任敢死队队长，周建屏同意。

河风呼呼，河水哗哗，一河两岸的敌我双方都没有声音。二十一个敢死小分队一字排开，全部下河。川流不息的河水淹没了红军战士在河里游动的声响。

那个时候，国民党部队还没有探照灯。碉堡里安装探照灯是抗日战争时期日本人的发明。

碉堡里的国民党士兵不时地向河面上打上几排冷枪壮胆，喊一句“注意了，当心共匪夜晚偷渡过河”，然后龟缩在碉堡里不出来。

半小时以后，二十一个敢死小分队全部到达指定位置，并迅速地点燃了三堆篝火。

火光惊动了国民党士兵，重机枪的子弹像雨点一样打在敢死队潜伏的地方。

但是已经迟了，几乎是同时，对岸的周建屏也下达了攻击命令。一时间，两岸火光闪闪，枪声隆隆，打得难解难分。

战斗不到三个小时结束，在红军里外夹攻下，梅凤书、方之屏苦心构筑的工事土崩瓦解。战斗共击溃敌人一个正规团，四个地方民团，敌县党部书记方之屏以下六个民团正副团长被击毙，缴获了一大批武器弹药。只有梅凤书、龙赞在石镇商团团长苟玉亮的拼死掩护下，翻山越岭，逃回了石头街。

红军损失也不小，两百来名敢死队队员牺牲一半多，其中就有机炮营营长梁拔子。

二打石鼓大捷，为赣东北苏维埃政府机关和军事委员会迁移至万年富林扫平了障碍。此时蒋介石正忙于蒋、冯、阎大战，一时还抽不出手来对付红军，万年苏区得到了难得的宁静。

正如之前传出来的风声，1930 年，赣东北苏维埃政府机关和军事委员会迁移至万年富林。为了配合赣东北苏维埃政府机关和军事委员会的迁移，万年苏区土地革命的中心也由坞头转移到了富林。这标志着，万年人民的革命斗争，在方志敏等人的直接领导下，开创了万年革命的新时代。从某一个角度讲，也开创了赣东北革命划时代的历史。

赣东北苏维埃政府机关和军事委员会在富林长达近一年的这段时间里，整个苏区喜事连连，赣东北红军得到了大力的发展。方志敏运筹帷幄，挥师北进，翻过三县岭，穿过天柱峰，越大石顶，走九子溪，上盘岭，下曹溪，先后取得了乐平秧畈之战、乐平众埠街之战的特大胜利，缴获了大批武器弹药，筹集军费款一百多万，使乐平县东南地区，万年县北、东、南和弋阳、贵溪连成一片，苏区

赣东北苏维埃政府旧址（内景）

面积纵横六百多里，人口一百多万。

7月22日，在乐平众埠街正式组建了赣东北工农红军第十军。可是，正当赣东北苏维埃根据地蓬勃发展之际，当时任中央领导职务的李立三却高估了革命力量，低估了国民党反革命的力量，要求赣东北红军配合中央红军攻打大城市南昌，并令赣东北红军远离根据地攻打九江。方志敏审时度势，认为赣东北红军还不具备攻打大城市的能力，如果不顾实际强行执行这个命令，会使赣东北红军有全军覆没的危险。

9月9日，中央特派员丘伴林特地从闽北赶来，在富林组织召开了一次委员扩大会议，这就是著名的富林会议。在这次会议上，丘伴林要求赣东北红军统一思想，立即执行中央的命令，没有听取方志敏的正确建议，并把方志敏排挤出了领导核心。历史总是惊人的相似，这个时候远在赣南的井冈山，毛泽东也正在遭受同样的命运。方志敏并没有直接与中央的意见发生激烈对抗，而是凭着自己在赣东北红军中的崇高威望，巧妙地阻止了这一错误决定，并写出了《革命向何处去》《建设我们铁的红军》两篇文章，为革命挽回了损失。

富林会议是赣东北苏区政府发展史上的一次重要会议，在这次会议上，它既贯彻了“立三”错误路线，同时由于方志敏巧妙地抵制了错误路线，赣东北苏区不但没有因此受到损失，土地面积反而得到了扩大，红军也得到发展壮大，赣东北苏区的财政收入也明显增加，为以后的第一、二、三次反“围剿”提供了坚实的后勤保障。

方志敏，真英明
领导穷人闹革命
分田分地真开心
工农联合闹翻身

方志敏，真精神
骑着白马向前进
革命路上播火种
勇往直前打敌人

——引自万年民歌

慰劳红军歌

红军同志们，千千万万路上来，镰刀斧头红旗飘，红军同志们，姐妹们送茶来。

红军同志们，好好歇几天，妇女儿童打草鞋，红军同志们，草鞋送给你们穿。

红军同志们，家中事儿莫挂牵，人民红军人人爱，红军同志们，红军家属会优待。

红军同志们，阶级仇恨记在心，消灭豪绅和地主，红军同志们，国家享太平。

——引自万年民歌

“上有朱、毛，下有方、邵！”在这块被毛泽东主席誉为“方志敏式”的根据地，在这个全国苏维埃的模范省，人们这样亲切地呼喊着，大声地歌唱着！那萦绕于天宇之下的歌声，那奔流在民众之中的歌声，那被长工号子、耘禾号子喊出的热血沸腾的歌声，正是我的故乡万年，正是我的先祖万年。这一块厚重的、荒寂的、苍凉的而又神秘

富林会议

的土地，这一块红色的、豪迈的、不屈的而又飘香的土地，这是一片史前人类文明栖息的土地。

请原谅我用这样的方式来结尾，关于坞头暴动及其后面发生的故事我只能写到这里，再写下去，便是整个万年波澜壮阔的革命斗争史，那我就会变得喋喋不休，就会讲到贵余万革命根据地，因为坞头暴动的胜利，推进了赣东北整个根据地的迅速扩大；讲到有四千多人参加的四方岗战斗、铁路埂战斗、石头街战斗；讲到二打朱家山，三打万年县城；讲到赣东北特委和赣东北苏维埃政府机关在搬迁驻扎在富林期间，万年人民在方志敏的直接指挥和领导下，同敌人展开英勇卓绝的斗争；讲到中国工农红军第十军在万年扩红，万年十万儿女，母亲送儿子，妻子送丈夫参加红军的动人场面；讲到钟家八子参军，六死二残的壮烈……

我仰视着这段历史，仰视那些英雄的铮铮铁骨，那些英雄的鲜血使我泪眼模糊。透过历史越来越远的烟幕，我看见了这一方水土养育着的人群生活的广阔图景，看见了在命运的夹缝中走向抗争的芸芸众生，看见了流血革命在这块土地上发生、发展的过程，看见了一出出的壮烈与崇高，也看见了越来越多的乐思恭们、裴雄太们、张瑛姑们，不断地在冲锋的路上倒下，又不断在前进的血泊中站起来。正如方志敏在身陷囹圄时写道：“我又从余江、万年逃难的同志中挑选出好几个人来，放在县委机关训练，后派他们各回本县工作。我经常去指导他们……余江、万年这两县的群众斗争，也很顽强，不管白军怎样摧残，他们仍是坚持不懈。最可敬的，就是万年

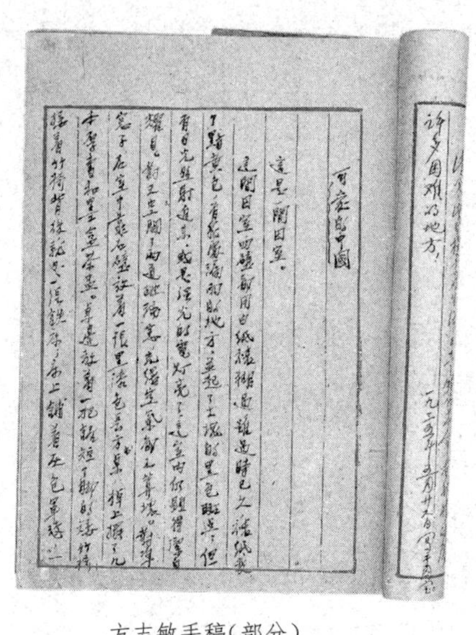
可爱的中国

这是一间囚室。

方志敏手稿（部分）

东源村的群众，拿两支枪同驻富林的白军打了整整的一年，结果，驻富林的白军，还是弃碉堡逃跑了。”

创造神话是人类的天性，崇拜英雄也是人类的天性。感谢方志敏，是他在成为高山上一棵松的同时，为我们留下那么多英雄的种子，英雄的故事，英雄的精神！而他自己在万年的种种经历，早已经被当地人们神化，连他的那匹白马，也成了人们顶礼膜拜的神马、龙马。

有这么一个故事，因为方志敏曾经在大赦庵周围打过游击，大赦庵的比丘尼们给予了红军战士们极大帮助，帮他们洗衣做饭，喂药疗伤。国民党军知道后，非常恼怒，放火烧庵。这时，奇迹发生了，人们看见方志敏的那匹白马，不知从何处升入空中，足踏黑云，泼下大雨。国民党军大惊，说方志敏的一匹马都不是凡间之物，方志敏自然不是常人，因此纷纷撤退，大赦庵得以保全。

俚语俗言，自不可当真。但由于传统的民族心理原因，方志敏在万年的诸多故事，就像诸葛亮的木牛流马、刘伯温的烧饼预言一样，稳稳地扎根于万年人民心中，以各种各样的民间文学形式，流传下来，代代相袭，并且对党史县志、碑载文化佐以小补。

前程是天上的云霞
人生是海里的浪花
趁着这黄金的时代
努力向着你的前途
发出你灿烂的光华

哦，万年，我在仙人洞的回声中听见了你！我在稻花飞扬的贡谷田里耕耘了你！我在坞头暴动的丰碑下瞻仰着你！你听见我怦怦的赤子心跳了吗？！

后　记

这是一本被逼出来的作品！逼我的，不是别人，正是我自己。

我从小就在红色文化环境中长大，小时候听了太多有关于方志敏在万年闹革命的故事。比如国民党军一个连的士兵抓不住方志敏，就放火烧掉为方志敏提供过藏身地方的崇德寺；方志敏开会时被敌人发现，机智巧妙地摆脱敌人的追捕，并用计活捉18个国民党士兵；等等。不过我那个时候太小，听听也就过去了，除了故事里的红缨枪和红军帽对我有吸引力，其他的都记不住。

真正对我有触动的，是1985年我奶奶病重去世前夕。那时我奶奶87岁，我18岁。父母白天干活累了，怕奶奶晚上突然走了，没人及时报信送终，就安排我陪伴奶奶。奇怪的是，奶奶几次昏死过去，喂了几口白开水又醒过来了。脑子时而清晰，时而糊涂。清醒的时候能坐起来，拉着我的手不停地说话。

说得最多的就是张德善（有时又感觉是说张德胜，奶奶的前夫。因为奶奶是弋阳人，所以总是听不清到底是胜还是善，后来我父亲又说是叫张金善）。我上面有一个哥哥，一个姐姐，我不明白奶奶为什么不跟他们说，而独独只跟我说，这大概也是个前世的缘分吧

（后来我问过我哥哥姐姐，他们从来没有听过）。

通过跟奶奶断断续续地交流，我大概听明白了。

奶奶本是弋阳清湖人，姓汪，叫汪金珠，嫁了个丈夫叫张德善（胜），贵溪人，是个红军。张德善当红军之前是个猎户，很会熬制土炸药和埋设地雷。他熬制的土炸药和埋设的地雷，曾经多次炸死吊睛白额大老虎，很有名气，人们都叫他“做火雷的老张”，住在万年、弋阳、贵溪三县交界的南山坞。我奶奶跟张德善生有两个女儿，一个叫张水妹，一个叫张细妹，日子本来过得还不错。后来不知道怎么的，张德善就参加了红军，专门教人熬制炸药，埋设地雷。他有个妹妹叫张根妹（本书张瑛姑的原型），从小跟他打猎学武，枪法好，武功好，勇猛异常。当时裴梅大源一带的人们都亲切地叫她“矮魔”，意即天上的老鹰。张德善跟裴雄太是姑表亲戚，大概这也就是方志敏为什么派他去坞头联系裴雄太的原因吧。

黄矛起义以后，黄矛、严家、朱家山（神农源风景区内，当时为红十军家属后勤机关及红十军医院所在地）一带都驻扎了大量的红军。朱家山的山背面就是红十军的军部——乐平众埠街，而在朱家山住的，主要就是红军家属和后勤人员。

1934 年 7 月，第五次反“围剿”失败，红军撤出苏维埃根据地，驻扎在朱家山的部分红军家属和后勤人员来不及撤走，被敌人包围。当时如果凭张德善与张瑛姑兄妹俩的本事，杀个三进三出，保护我奶奶母女三个逃出来完全没有问题。但是，张德善与张瑛姑兄妹没有这么做，而是率领仅剩的几十名红军战士阻击敌人，掩护大部分家属与后勤人员撤离。最后几十名红军战士全部壮烈牺牲，其中就有我爷爷的三哥彭老儿。张德善、张瑛姑、我奶奶及我的两个小姑姑全家被抓，一个都没有逃出去。敌人在对张德善、张瑛姑严刑拷打无果后，将张德善、张瑛姑兄妹活埋在高地上（现大源中学里面），我奶奶及我的两个小姑姑则被拉到荷溪官卖。恰好我爷爷当时丧偶，路过荷溪时看见，同情我奶奶可怜，就把我奶奶母女三人买了回去。从此，大源河南村里就多了个弋阳老嬷叻（村里人直到我奶奶死后都是这样叫）。我的两个姑姑长大后，一个嫁给我的大伯父，后来难产死去；一个嫁到几十公里外的乐平县（今乐平市）礼林镇，20世纪90年代中期去世。

当时我家的老房子前有两棵果树，一棵柚子树，一棵枣子树，特别粗大，好像有上百年的树龄。我陪伴我奶奶的那几日，枣子树上有一只猫鸪鸟，总是整晚整晚地叫，声音瘆人。用竹竿赶都赶不走，白天也不走。村里有个说法，谁家门口如果有猫鸪鸟整夜叫，就是要死人了。我陪了我奶奶三个晚上，我奶奶是昏死过去又活过来，直到我听完了我奶奶所有的故事。第四天早上，树上的猫鸪鸟竟然飞走了。记得当时父亲搓搓粗糙的手说，没事了，你奶奶算是又挺过来了。白天，父亲帮我在水泥厂找了个破碎矿石的临时活干。晚上，等我下班回去，家里一片哭声，奶奶竟然去世了。因此，村里的人说，我命里不当帮奶奶送终，命里不该是她的孙子。我在，我奶奶就不肯死，我一离开就死了。但是我从不认同这种说法，因为只有我心里明白，我奶奶几十年来，心里有多少委屈、辛酸和思念。

2014年，县社科联主席李巍先生去裴梅镇葛毛坞村村委会扶贫，告诉我说，葛毛坞是方志敏在万年领导穷人闹革命、向国民党反动派打响武装第一枪的地方，邀请我同行，说如果有什么触动，可以写点文字宣传宣传。

李巍先生是个艺术家，爱好摄影，风流儒雅，是万年的艺术大咖。既承蒙高看，我自当前往。

到了葛毛坞村，第一感觉是很美。这里四周青山作帷，村内泉水交织，村舍错落有致，村道干净通畅。

葛毛坞村村委会书记李先来是一个个子较高、长得很英俊的村书记，听了李巍先生对我的介绍以后，非常热情，又是倒茶又是递烟，倒弄得我受宠若惊了。李书记提议去坞头暴动纪念碑看看，给革命先烈献朵鲜花鞠个躬。我欣然起身前往。

坞头暴动纪念碑

坞头暴动纪念碑坐落在坞头村的最南端，总占地面积 3.2 亩，碑高为 6.8 米，碑身正面刻有原江西省第一任省委书记方志纯的题字：坞头暴动纪念碑。碑背面刻有坞头暴动的经过，顶端鲜红的党旗在群山绿带映照下，犹如跳动的火焰熠熠生辉，仿佛在诉说着那段火热的革命岁月。

我非常认真地品读着纪念碑上每一个文字，上面每一个名字我都觉得是那么神圣和崇高。突然，“张德善”三字跃入我的眼帘，我脑海中像有一道闪电瞬间闪过，有种眩晕的感觉。自奶奶告诉我这个人以后，这是我真真实实地第一次看到这个名字。我突然觉得这个人还在，正在某一个山头注视着我。我感觉有点心慌，有点不知所措。

我没有把自己的感觉告诉任何人。为了掩饰慌乱，我随意地问了一句：“原来坞头就是葛毛坞啊。”

“不是哦，我们这里是坞头，是葛毛坞村委会办公所在地，而葛毛坞却不在这里。”李先来书记接过话。“现在时间还早得很，要不我们去葛毛坞看看。路不远，只有三四里路。”

“要得，那就去葛毛坞村看看。”我说道。

驱车仅仅几分钟时间，就到了葛毛坞村。

葛毛坞村并不大，像一个长方形的簸箕，东、南、北三面环山，唯西面可通向山外。

坞内住有两三户人家，一问，竟然全都是红军烈属后代。

我问道：“这里就是葛毛坞吗？过去方志敏就在这里办公吗？红军都驻扎在这里吗？”

“不是的，这里只是葛毛坞的坞口，要到真正的葛毛坞，还得再走20多分钟。不过，路很不好走，长满了野芦苇和刺藤，你们几位贵客，是不是先休息一下再进坞？”村民很热情地问。

这使我很意外，这么个偏僻的山洼洼里，竟然还不是葛毛坞。也许是这么一个偏僻的所在，更让我觉得神秘和兴奋。

“那我们赶快进去吧，不要休息了。”我望了望李先来书记，迫切地说。

“好，那就动身吧。”李书记对村民们说道。

有一村民主动提出来给我们带路。我们小心翼翼地走着，唯恐惊醒山中那些沉睡的红色魂灵。

进入了葛毛坞的大山深处，村民显得很激动，指指点点地讲了很多我们在党史资料里看不到的东西。有时他会用脚踩开一片芦苇丛，有时他又会用柴刀砍开一片麻古藤，在这些芦苇和古藤之下，都是一堵一堵用河卵石砌成的墙基。村民说，这堵墙基是红军医院，那堵墙基是红军学校，哪哪边的是红军监狱，哪哪哪边有一块大大的青麻石头是方志敏当年用过的，白天他用来做办公桌，晚上用来做床铺睡觉，等等。这一切对于我来说，既新鲜又激动，以往只有在小说里、电影里才能看见的东西，现在竟然在生活中在身边真实出现，我不能不感叹。

回到坞头村——葛毛坞村委会，精干的李书记已经组织了十几个当年坞头暴动组织者的后人，和我们一起开了个不长不短的座谈会。会上，这些红军烈士后裔都很积极，从方志敏谈到裴雄太，从乐思恭谈到聂凤来、叶新倌，谈着谈着，就谈到了手拿双枪的女英雄“矮魔”。他们说，很奇怪，那么有名的一个女英雄，后来去哪里了，都没有人知道。那一刻，我眼泪差点夺眶而出，我想告诉他们，“矮魔”后来去哪里了，我知道，我也一定会让你们知道，让所有万年的后人们知道。我要把你们知道的，我们知道的，都变成触动心灵的文字，变成永恒的纪念！

从坞头村回来以后，用一句李巍先生的话说，我疯了。我决定要做一件有意义的事情，不能让这段波澜壮阔的革命历史从我们这一代丢失，我要把它记录下来，保存下来，成为我们永久的精神财富。

从那天以后，我每天想的，就是如何跟阎王爷抢时间，从那些红二代、红三代嘴里一点一点抠出那些本就不应该丢失的东西。

沿着方志敏到万年领导革命的足迹，循着坞头暴动的历史轨迹，我开始了长达近五年的收集采访。我发现留给我的时间真的不多了，很多红二代，今天刚采访他，第二天人就没了。很多时候，我都会觉得，我和他们在两个世界里，相互用灵魂对话：“老爷子，您走得太快了，为什么不稍作停留，歇息歇息再走？您走了，也带走了我们苦苦寻找的秘密。”“年轻人，我等了，我等得太久，是你们走得太慢，或者你们根本就没有想过来找我们！”……

在收集采访中，我得到了大批红军烈属后代的支持，在这里我要感谢他们！同时我也觉得很愧对他们，因为每采访完一个烈属后代，他们总是会艰难地启动嘴唇，说着几乎是一模一样的话：“记者同志，我能提个要求吗？”每个人都把我当成记者。

我说：“提吧，只要我能做得到。”

于是他们就说了：“共产党好，国家政策好，我们的生活都很幸福。既然国家派你来采访我们，那就是国家没有忘记我们，我们很感谢！我们这些烈属不要政府的钱，不要政府的慰问。但是，政府能帮我们村修一座纪念塔吗？把我们这里所有参加红军牺牲了的先人名字刻上去，让我们每年有个地方祭奠一下。”

我哑然。要求不高，也合情合理，但我却答应不了。我不能告诉他们，我不是记者，我来采访是个人行为。如果这样说的话，他们会更失望。我只能在心里默默地说：对不起，真的对不起！真真对不起！

当然，今天，我很希望，通过我的这些文字，使他们的愿望变成现实！果能如此，我就觉得功德无量！

同时，我还要感谢裴梅镇政府的大力支持！感谢裴梅镇江开雨书记。在本书画上最后一个标点符号时，抱着对历史负责的态度，裴梅镇政府组织了书中所有烈士后代，召开了作品研讨会，对书中涉及的历史人物和事件予以核实纠正。

历史已然走远，但后人不该遗忘，前人栽树，后人乘凉。我们今天的幸福生活与社会文明，是多少前人先贤，用他们的智慧、鲜血，甚至生命给我们造就铺成。我想，在我们的心中，应该永远矗立一座缅怀他们的不朽丰碑！